JUSTIZIRRTU

DIE ERMORDUNG VON TERSEA DE SIMONE

MORD UND TOTSCHLAG SERIE #6

FERGUS MASON

Absolute Crime Presse
ANAHEIM, KALIFORNIEN

ABSOLUTE
CRIME

www.AbsoluteCrime.com

Inhaltsübersicht

Über Absolute Crime

Absolute Crime veröffentlicht nur die beste wahre Kriminalliteratur. Wir konzentrieren uns auf die Verbrechen, von denen Sie wahrscheinlich noch nie gehört haben, über die Sie aber gerne mehr lesen möchten. Mit jeder fesselnden und packenden Geschichte versuchen wir, die Leser Momente der Geschichte wiedererleben zu lassen, die manche Menschen zu vergessen versucht haben.

Denken Sie daran, dass unsere Bücher nichts für schwache Nerven sind. Wir halten uns nicht zurück - wenn ein Verbrechen blutig ist, lassen wir die Worte über die Seite spritzen, damit Sie das Verbrechen auf die schrecklichste Weise erleben können!

Wenn Ihnen dieses Buch gefällt, besuchen Sie bitte unsere Homepage (www.AbsoluteCrime.com), um andere Bücher zu sehen, die wir anbieten; wenn Sie ein Feedback haben, würden wir uns freuen, von Ihnen zu hören!

Tragen Sie sich in unsere Mailingliste ein, und wir schicken Ihnen ein kostenloses True-Crime-Buch zu!

http://www.absolutecrime.com/newsletter

EINLEITUNG: DER WÜRGER

Southampton, England - 5. Dezember 1979

Teresa hatte keine gute Nacht.

Es hatte gut angefangen. Die 22-jährige Angestellte hatte den größten Teil des Abends in ihrem Zweitjob als Bardame im Tom Tackle verbracht, einer beliebten Bar im Zentrum von Southampton. Sie hatte den Barjob angenommen, um neue Freunde zu finden und die

Raten für ihren gebrauchten Ford Escort zu bezahlen, und es hatte gut geklappt. Sie war fröhlich und bereit, hart zu arbeiten, und sie war schnell zum Liebling der Stammgäste geworden, die an den meisten Abenden dort tranken, und der Leute, die an den Wochenenden nach dem Theater kamen.

An diesem Dienstag schloss die Bar um 23.00 Uhr, und normalerweise hätte Teresa die Kunden an die 15-Minuten-Trinkzeitregel erinnern und dann die letzten Gläser spülen müssen. Ihre Freundin Jenni wartete jedoch an der Bar auf sie, und Barchef Anthony Pocock wusste, dass die beiden Mädchen ausgehen wollten. Jenni hatte Geburtstag, und sie wollten nicht bis zum Wochenende warten, sondern ein paar Stunden tanzen gehen. Pocock machte es nichts aus, selbst ein paar Gläser zu spülen - er tat seiner quirligen jungen Bardame gern einen Gefallen. Er hatte Teresa gehen lassen, sobald die Bar aufhörte zu bedienen, und die beiden waren in Jennis Auto gesprungen und zu einer örtlichen Disco gefahren. Es wäre ein Leichtes gewesen, zu Fuß zu gehen - es war nicht weit -, aber die beiden Mädchen fühlten sich im Auto sicherer. Southampton ist zwar nicht für eine besonders hohe Kriminalitätsrate bekannt, aber es ist eine Hafenstadt, und die Docks können raue Menschen anziehen. Manchmal kommen sie auf der Suche nach Spaß - oder nach Opfern - in die Stadt. Also fuhren sie zum Club, und Teresa ließ ihr eigenes Auto auf dem Parkplatz von Tom Tackle stehen. Nach dem Ausgehen konnte Jenni sie absetzen und sie würde nach Hause fahren. Das schien ein vernünftiger Plan zu sein, und Teresa hatte kein Problem damit, auf Alkohol zu verzichten - das tat sie sowieso lieber, wenn sie am nächsten Tag arbeiten musste. Was konnte schon schief gehen?

Das konnte schief gehen. Jetzt schnappte sie nach Luft, die goldene Kette ihres eigenen Kruzifixes war fest um ihre Kehle geschlungen und raubte ihrem Gehirn den Sauerstoff. Sie war kurz davor, ohnmächtig zu werden, und nahm nur schemenhaft wahr, wie ihr Angreifer mit der freien Hand an ihrer Strumpfhose und Unterwäsche zerrte. Ihr Rock war bereits hochgezogen worden und ihre Bluse hing offen. Ihr schwindendes Bewusstsein versuchte immer noch träge, aufzuholen. Es war erst wenige Minuten her, dass sie Jenni gute Nacht gesagt hatte. Der rubinrote Lichterglanz, als ihre Freundin an der Ausfahrt des Parkplatzes bremste, war noch nicht aus ihren Augen verschwunden, bevor dieser abscheuliche Angriff begonnen hatte. Sie war zu schwach, um sich zu wehren, und konnte sich nur fragen, warum dies geschah, während der Würger versuchte, sich in ihren unwilligen Körper zu zwängen.

Teresa hatte keine gute Nacht, und es sollte ihre letzte sein.

[1]

ERLÄUTERUNG

Kingston Cemetery, Portsmouth, England - 12. August 2009

Die Totengräber hofften, dass es nicht regnen würde. Bis jetzt hatte er sich zurückgehalten, aber die drohenden Wolken färbten den Himmel für die Jahreszeit untypisch grau. Regen war schon schlimm genug, wenn man ein neues Grab ausheben musste. Selbst wenn man einen Schutz über dem Loch errichtete, sickerte das Wasser durch den schweren

Lehmboden und bildete am Boden eine dicke, klebrige Schlammschicht. Die klebrigen Klumpen beschwerten das Schaufelblatt bei jedem Schaufeln und klebten an Stiefeln und Kleidung. Das machte die Arbeit zu einem zermürbenden, unangenehmen Kampf. Noch viel schlimmer war es, wenn es sich um eine Exhumierung handelte. Einen verwesten Sarg und seinen Inhalt auszugraben, war ohnehin nie eine willkommene Aufgabe. Dieses Grab war seit fast 21 Jahren geschlossen, und die schlimmsten Stadien der Verwesung würden vorbei sein, aber Lehm ist ein feuchter Boden, und das kann einer Leiche unangenehme Dinge antun. Wenn sie beim Graben noch mehr Wasser eindringen ließen, würde sich die Situation nicht verbessern.

Normalerweise hätten die Totengräber diese Aufgabe auf einen anderen Tag verschoben. Aber das war keine Option. Das Grab, das sie öffneten, war von einem blau-weißen Polizeizelt verdeckt. Für eine wiederaufgenommene Untersuchung wurde eine DNA-Probe von der darunter liegenden Leiche benötigt, den Überresten eines 26-jährigen Straftäters, der sich 1988 mit einer Plastiktüte erstickt hatte. Er hatte einen Großteil seines kurzen Lebens wegen einer langen Liste von Einbrüchen und bewaffneten Raubüberfällen im Gefängnis verbracht, aber daran war die Polizei jetzt nicht interessiert. Die DNA-Spuren einer alten Spermaprobe hatten eine teilweise Übereinstimmung mit der Schwester des Toten ergeben. Sobald die Leiche ausgegraben war, sollte eine neue Probe entnommen werden, die eine perfekte Übereinstimmung ergeben sollte. Wenn dies der Fall wäre, würde er als der Mann identifiziert werden, der Teresa de

Simone 1979 vergewaltigt und erwürgt hatte. Damit wäre ein altes Rätsel gelöst, das dazu geführt hatte, dass ein unschuldiger Mann jahrzehntelang für ein Verbrechen, das er nicht begangen hatte, im Gefängnis saß.

Fünf Monate bevor sich die Schaufeln in den feuchten Lehm des Friedhofs von Kingston bohrten, war ein geistig verwirrter Kleinganove namens Sean Hodgson aus dem Gefängnis entlassen worden, nachdem DNA-Tests ergeben hatten, dass er Teresa nicht vergewaltigt und ermordet haben konnte. Er hatte die Tat wiederholt gestanden - als einer von sieben Männern, die dies getan hatten - und die Polizei war der Meinung, dass er zu viel über die Einzelheiten des Mordes wusste, als dass sein Geständnis ein Hirngespinst gewesen wäre. Als er den Ernst des Spiels, das er spielte, erkannte und sein Geständnis zurückzog, war es zu spät - er stand vor Gericht und die Geschworenen glaubten ihm nicht. Er hatte den Eltern des toten Mädchens unnötigen Schmerz zugefügt, den Ruf seiner eigenen Familie beschmutzt und sich selbst zu 27 Jahren Gefängnis verurteilt, weil er auf perverse Weise Aufmerksamkeit erregen wollte. Nun aber war seine Unschuld bestätigt worden, und die neu entdeckten Beweise, die das bewirkt hatten, wiesen auch auf den wahren Mörder hin.

Es war ein einfaches Grab. Es gab keinen Grabstein, und der Erdhügel, der es markiert hatte, als es noch frisch war, hatte sich gesetzt. Die Engländer balsamieren ihre Toten nicht ein oder verwenden aufwendige Grabeinfassungen in dem vergeblichen Versuch, den Verfall aufzuhalten - sie lassen der Natur ihren Lauf und ebnen die Oberfläche mit frischer Erde ein, wenn sie sich gesetzt hat. Das Gras über dem Grab war kurz gemäht, und es gab keinerlei Dekoration. Seit langem hatte hier niemand mehr Blumen niedergelegt, was die Sache zumindest erleichterte. Die Totengräber machten sich an die Arbeit. Sie hatten bereits Sperrholzplatten über das Nachbargrundstück gelegt, um es nicht zu verschandeln. Jetzt schnitten sie mit ihren Schaufeln um die Umrisse des Grabes herum, entfernten die Grasnarbe in sauberen Quadraten und legten sie vorsichtig mit der Vorderseite nach unten auf das Gras. Sie würden ihn später brauchen, wenn sie das Grab wieder schließen würden. Schließlich standen sie vor einem Rechteck aus schwerer, rötlicher Erde. Es war an der Zeit, mit dem Graben zu beginnen.

An jedem Ende der gerodeten Fläche stießen sie ihre Schaufeln in den Boden und beugten sich über ihre Aufgabe. Die ersten Lehmklumpen prallten auf die Sperrholzplatten. Entlang der Friedhofswege standen Beamte der Polizei von Hampshire, um Schaulustige und Fotografen von dem abgesperrten Bereich fernzuhalten. Trotz ihrer hemdsärmeligen Kleidung schwitzten sie leicht, dank ihrer Schutzwesten und der traditionellen hohen Helme. Das Wetter war feucht und schwül, dachte einer von ihnen, als er nach oben blickte, aber diese Wolken sahen unangenehm aus. Er hoffte, dass es nicht regnen würde.

[2]

Das Opfer

Es ist schwer, sich anhand der verfügbaren Informationen ein Bild von Teresa Elena de Simone zu machen. Sie wurde 1957 als einziges Kind von Mario und Mary de Simone geboren. Ihre Eltern trennten sich, als sie noch klein war, und Mary heiratete später erneut, diesmal Michael Sedotti. Teresa behielt ihren Geburtsnamen. Sie war als schüchternes Mädchen bekannt, das nach den Worten ihrer Mutter "keiner Fliege etwas zuleide tun würde", aber sie hatte einige Freunde, und nach ihrem Schulabschluss gelang es ihr, eine Vollzeitstelle als Angestellte beim Southern Gas Board zu bekommen, einem staatlichen Energieriesen, der für die Erdgasversorgung der Haushalte in Südengland zuständig war und außerdem eine Ladenkette betrieb, die Gasöfen und Heizgeräte verkaufte.

Im Herbst 1979 begann Teresa, sich nach einem Teilzeitjob in einer Bar umzusehen. Dafür hatte sie zwei Beweggründe. Sie wollte etwas dazuverdienen, um die Raten für ihr kürzlich gekauftes Auto, einen gebrauchten braunen Ford Escort, abzubezahlen; außerdem dachte sie, es wäre eine gute Möglichkeit, ihren sozialen Kreis zu erweitern und neue Freunde zu finden. Ende September ging sie zu einem Vorstellungsgespräch ins Tom Tackle, und Anthony Pocock, der Manager (in Großbritannien als

Wirt bekannt), der die Bar für das Brauereiunternehmen Watney Mann leitete, war von ihrer guten Laune beeindruckt. Er war der Meinung, dass sie gut in seine Bar passen würde, die nicht nur eine feste Stammkundschaft hatte, sondern auch eine Menge After-Show-Geschäfte vom Theater erhielt, und bot ihr daher an, jede Woche zwei Abende zu arbeiten. Sie machte sich schnell bei den anderen Mitarbeitern und Kunden beliebt und war nach zwei Monaten ein vertrautes und beliebtes Gesicht unter den Gästen. Das heißt aber nicht, dass es keine Gerüchte gab - es kursierten Gerüchte, dass Pocock eine Affäre mit ihr begonnen hatte.1 Das scheint jedoch unwahrscheinlich. Die Sedottis waren römisch-katholisch und Teresa selbst war zumindest mäßig religiös. Das goldene Kruzifix, das sie in der Nacht ihres Todes trug, war ein fester Bestandteil ihres Schmucks.

Teresa war vor allem eines: ein vernünftiges Mädchen. Sie genoss es, mit ihren Freunden auszugehen, würde aber nie etwas Leichtsinniges tun, wie unter Alkoholeinfluss Auto zu fahren. Sie hätte auch genug gewusst, um sich von riskanten Situationen fernzuhalten, wenn sie nach Einbruch der Dunkelheit allein war. Wenn sie der Meinung war, dass jemand Hilfe brauchte, hätte sie diese angeboten, selbst wenn es nur darum ging, demjenigen Zeit zu schenken. Leider ist nicht jeder, der um Hilfe bittet, aufrichtig. Teresa hatte noch nicht genug Lebenserfahrung gesammelt, um das zu wissen. Die Chance dazu würde sie nicht bekommen.

[3]

Das Verbrechen

Das Tom Tackle - das jetzt in The Encore umbenannt wurde, um ihm einen theatralischeren Anstrich zu geben - ist kein traditioneller englischer Pub mit Holzbalken und Pferdekutschen neben einem offenen Kamin. Es befindet sich im Erdgeschoss eines Betongebäudes aus den 1960er Jahren an der belebten Commercial Road von Southampton. Die Bar selbst hat Außenwände aus rotem Backstein, was sie von der Straße aus etwas attraktiver macht, und sie tut ihr Bestes, um etwas Charakter zu erzeugen. Die Bar ist groß und meist gut besucht. An den Wochenenden zieht es viele Gäste aus dem benachbarten Theater an (1979 hieß es Gaumont, heute Mayflower). Heutzutage zieht sie auch Leute an, die etwas essen wollen, aber in den späten 1970er Jahren beschränkte sich das englische Bar-Essen in der Regel auf Kartoffelchips, Erdnüsse und vielleicht ein paar müde Schinken-Käse-Sandwiches in einer Plastikbox neben der Kasse. Im Jahr 1979 gingen die Leute in die Bars, um zu trinken, und ihr Durst konnte das Barpersonal auf Trab halten. Anthony Pocock stand an den meisten Abenden selbst hinter der Bar, hatte aber eine Reihe von Teilzeit-Bardamen wie Teresa, die ihm aushalfen.

Bis zur Lockerung der Schankgesetze durch die Regierung von Tony Blair im Jahr 2003 war die traditionelle Sperrstunde für britische Bars

23:00 Uhr. Wirte konnten eine Spätlizenz für besondere Anlässe oder eine reguläre Lizenz für Freitag- und Samstagabende beantragen, aber in der Regel wurden die letzten Pints um 23 Uhr ausgeschenkt. Am Ende eines jeden Abends wurde ein fast rituelles Verfahren angewandt. Das britische Alkoholgesetz schreibt vor, dass die letzten Bestellungen eine Viertelstunde vor Ladenschluss durch Läuten einer Glocke aufgerufen werden müssen, was immer zu einem Ansturm in letzter Minute führt. Wenn die Bar geschlossen hat, gibt es eine weitere Viertelstunde für die Trinkzeit, in der die Kunden keine weiteren Getränke kaufen, sondern die bereits vorhandenen austrinken können. Nach dem Ende der Trinkzeit ist es verboten, Alkohol in der Hand zu haben. Diese letzte halbe Stunde ist in der Regel die arbeitsreichste Zeit des Tages für das Barpersonal, das zunächst dafür sorgt, dass die letzten Bestellungen aufgefüllt werden und niemand enttäuscht nach Hause geht, und dann - erst sanft, dann nachdrücklich - alle aus der Tür treibt.

Teresa war gut darin, die Leute dazu zu bringen, zu trinken und zu gehen; selbst ein Betrunkener, der streitlustig wurde, um zu zeigen, dass er keine Angst vor dem Wirt hatte, würde sich wahrscheinlich nicht mit einem hübschen jungen Mädchen anlegen. Sie war auch immer bereit, ihren Teil zur Endreinigung beizutragen, wenn die Gäste gegangen waren. Am 4. Dezember jedoch wartete ihre Freundin Jenni Savage geduldig an der Bar. Pocock wusste, dass Savage heute Geburtstag hatte, und sie und Teresa wollten nach ihrer Schicht noch ein wenig feiern gehen. Obwohl es eine Dienstagnacht war, hatten zwar einige Diskotheken geöffnet, aber keine davon bis spät in die Nacht - die letzten würden gegen 1:00 Uhr schließen. Pocock wusste, dass die 30 oder 40 Minuten, die es dauern würde, die Gläser zu spülen, die Aschenbecher zu leeren und die Bar zu säubern, die Zeit der Mädchen stark in Anspruch nehmen würde, und er mochte die junge Bardame. Als die zweite Glocke ertönte, um zu verkünden, dass die Kasse geschlossen war, sagte er ihr, sie solle verschwinden - er würde selbst abräumen.

Hinter dem Tom Tackle befand sich ein kleiner Parkplatz, auf dem das Personal und die Kunden, die die laufende Kampagne der Regierung gegen Alkohol am Steuer ignorierten, ihre Autos parkten. Savage hatte ihres dort abgestellt, als sie in der Bar angekommen war, und Teresa hatte ihres geparkt, als sie zur Arbeit kam. Die Diskothek, in die sie gehen wollten, war nicht allzu weit entfernt - kaum mehr als eine halbe Meile zu Fuß. Auf den Straßen konnte es allerdings lebhaft zugehen, wenn sich die Bars zu leeren begannen, und die beiden Mädchen gingen lieber auf Nummer sicher als auf Nummer sicher. Sie stiegen in Savages Auto und parkten Minuten später in der Nähe der Disco in der London Road.

Teresa und Savage fuhren beide mit dem Auto und wollten die tägliche Fernsehwerbung über die Gefahren der Kombination von Alkohol und Auto nicht ignorieren, also blieben sie bei alkoholfreien Getränken. Trotzdem verbrachten sie ein paar schöne Stunden mit Plaudern und Tanzen. Schließlich war es Zeit zu gehen - der Club schloss um eins, und beide mussten am nächsten Tag arbeiten. Sie verließen den Club kurz vor eins, um dem Ansturm zu entgehen, und kehrten zum Auto zurück.

Savage fuhr die London Road zurück, bog rechts in den Cumberland Place ein, folgte der Kurve und bog dann erneut rechts in die Commercial Road ein. Zu ihrer Linken befand sich ein niedriges Bürogebäude aus Backstein, dann das Gaumont Theatre und schließlich das Tom Tackle. Savage bog ab, fuhr hinter der Bar vorbei und hielt neben Teresas Escort an.

Es war spät, aber die Straßen waren ruhig, und Teresa kannte sich hier aus. Sie wünschte Savage eine gute Nacht und stieg aus dem Auto aus, dann kramte sie in ihrer Tasche nach ihren Schlüsseln. Als Savage zurück auf die Commercial Road fuhr, löste sich eine dunkle Gestalt aus den Bäumen neben dem Parkplatz, aber Teresa bemerkte es nicht. Sie war damit beschäftigt, die Tür zu öffnen, ihren Mantel und ihre Tasche auf den Beifahrersitz zu schleudern und einzusteigen. Schließlich schloss sie die

Tür, verriegelte sie und griff nach ihrem Sicherheitsgurt.

Als sie den Schlüssel ins Zündschloss stecken wollte, hörte sie ein plötzliches Klopfen an der Scheibe neben sich. Erschrocken schaute sie hinaus. Ein junger Mann - kaum mehr als ein Junge - stand da und deutete mit einer unmissverständlichen Geste auf sein Handgelenk. Sie hätte ihm einfach durch das Fenster ihre Uhr gezeigt, aber es war zu dunkel, als dass er sie hätte sehen können. Außerdem sah er so jung aus, dass sie ihn überhaupt nicht als bedrohlich empfand. Sie kurbelte das Fenster herunter, um ihm die Uhrzeit zu sagen.

Sobald sich das Fenster weit genug öffnete, stürzte sich der junge Mann auf Teresa und packte ihr Handgelenk. Er griff ins Innere des Wagens, entriegelte die Tür und riss sie auf. Dann zwang er sich auf den Fahrersitz neben ihr, schlug die Tür so laut zu, dass die Anwohner von Wyndham Court aufschreckten, und packte sie an der Kehle, um ihre empörten, verängstigten Schreie zu unterdrücken. Als er den Kragen ihrer Bluse umdrehte, drückte die schwere Goldkette des Kruzifixes, das sie trug, gegen ihren Kehlkopf, und sie begann sofort zu keuchen und zu würgen, als ihre Atemwege zugedrückt wurden. Der Mörder ignorierte ihre panischen Versuche zu atmen. Er schloss die Autotür, um ihr die Flucht zu verwehren, und begann, an ihrer Bluse herumzufummeln, wobei er eine Brust entblößte, dann zog er ihr den Rock um die Taille hoch. Er zerrte heftig an ihrer Strumpfhose und riss sie so brutal herunter, dass ein Bein vom anderen abgerissen wurde. Ihr Höschen wurde weggerissen und in den Fußraum des Beifahrers geworfen. Dann, als ihm der Fahrersitz zu eng wurde, zerrte er sein inzwischen fast bewusstloses Opfer aus dem Sitz, schaffte es irgendwie auf den Rücksitz des zweitürigen Kleinwagens und vergewaltigte sie brutal. Irgendwann erwürgte er sie schließlich zu Tode.

Als Teresas Mutter aufwachte und feststellte, dass ihre Tochter nicht nach Hause gekommen war, war sie sofort besorgt. Es sah Teresa nicht ähnlich, wegzubleiben, ohne ihr Bescheid zu geben, und sie sagte ihrem Mann, dass sie sich Sorgen machte. Michael Sedotti fuhr zum Tom Tackle und sah Teresas Auto auf dem Parkplatz, aber er fuhr nicht auf den Parkplatz, um es näher zu untersuchen. Stattdessen fuhr er nach Hause, um seiner Frau zu erzählen, was er gesehen hatte.

Kurz vor zehn Uhr kam Anthony Pocock wieder im Tom Tackle an. Er erwartete an diesem Morgen eine Lieferung von der

Brauerei2 und ärgerte sich, dass Teresas Auto noch immer hinter der Bar geparkt war. Der Lieferwagen musste an die Rückseite des Gebäudes heranfahren können, damit die schweren Fässer durch die Luke in den Bierkeller hinuntergelassen werden konnten, und der braune Escort versperrte den Platz. Es hatte keinen Sinn, Teresa anzurufen und sie zu bitten, vorbeizukommen und ihn wegzufahren; soweit Pocock wusste, war sie bei ihrer täglichen Arbeit im Gasamt. Er beschloss, nachzusehen, ob der Wagen entriegelt war - wenn ja, konnte er vielleicht die Handbremse lösen und ihn selbst aus dem Weg rollen. Er ging zu dem kleinen Auto hinüber und prüfte die Fahrertür. Sie war zwar nicht verschlossen, aber als er sie aufzog, sah er Teresa. Sie lag auf dem Rücksitz und war von der Hüfte abwärts nackt. Ihr rechtes Bein ruhte auf der Rückenlehne des Sitzes, das linke ragte in den Fußraum und entblößte ihre blutigen Genitalien. Eine blasse Brust hing aus ihrer zerrissenen Bluse, aus ihrem Mund tropfte geronnener Schaum und um ihren Hals befand sich ein Band aus Abschürfungen. Der fassungslose Vermieter erkannte sofort, dass sie ermordet worden sein musste, und rannte hinein, um die Polizei zu rufen.

Die ersten Polizisten, die den Parkplatz erreichten, stimmten mit Pocock überein - es handelte sich um ein Tötungsdelikt. Ein Pathologe traf gegen 11:45 Uhr ein und führte eine erste Untersuchung der Leiche durch. Er bestätigte schnell, dass das Opfer einer äußerst brutalen Vergewaltigung zum Opfer gefallen war und erdrosselt worden war. Es handelte sich auch nicht um eine gewöhnliche Strangulierung. Der Schaum um den Mund und die zahlreichen Spuren an der Kehle zeigten, dass der Tod langwierig gewesen war. Mit einer Ligatur - wie hier geschehen - kann man jemanden innerhalb von zehn Sekunden bis zur Bewusstlosigkeit strangulieren und innerhalb weniger Minuten töten, aber Teresa war einem viel längeren Angriff ausgesetzt gewesen. Als ihre Leiche zur genaueren Untersuchung ins Leichenschauhaus gebracht wurde, zeigte sich das ganze Ausmaß des Grauens. An ihrer Kehle befanden sich zehn rote Flecken, die darauf hinwiesen, dass der Erstickungsdruck so oft gelöst und dann erneut angewendet worden war. Die Vergewaltigung war so heftig gewesen, dass ihre Vagina aufgerissen worden war, und andere Schäden deuteten darauf hin, dass sie auch anal vergewaltigt worden war. Abstriche wurden entnommen und zeigten, dass ihre Vagina voller Sperma war, und zwar so viel, dass es kurz vor ihrem Tod dorthin gelangt sein musste. Sie enthielt auch Spuren von Blut. Die Typisierung bestätigte, dass es sich um eine Mischung aus ihrer eigenen Gruppe B und der Gruppe A oder AB des Angreifers handelte.

Die Mordraten in Großbritannien sind im weltweiten Vergleich niedrig - die jährliche Rate liegt bei 1,2 Morden pro 100.000 Menschen, verglichen mit 4,8 pro 100.000 in den USA. Allerdings ist Großbritannien mit seinen 60 Millionen Einwohnern ein ziemlich großes Land, so dass illegale Morde nicht gerade unbekannt sind. Einige von ihnen erhalten mehr Aufmerksamkeit als andere, ob zu Recht oder zu Unrecht, und der brutale Sexualmord an einer beliebten, attraktiven jungen Frau wird wahrscheinlich für öffentliche Empörung sorgen. Zu dieser Zeit konzentrierte sich die Aufmerksamkeit der britischen Kriminaljournalisten auf die Midlands und Nordengland, wo ein

Serienmörder, der als Yorkshire Ripper bezeichnet wird, bereits elf Frauen getötet hatte, die letzte Anfang September. Teresas Tod erregte ihre Aufmerksamkeit und lenkte die Aufmerksamkeit der Medien für einige Wochen in den Süden. Die ersten Nachforschungen verliefen natürlich im Sande, und das Unvermeidliche geschah. Das Interesse der Presse erlahmte langsam und wandte sich anderen Themen zu. Der Ripper tötete 1980 noch zweimal. Die Polizei im Norden Londons fragte sich, warum so viele junge Männer und Teenager verschwanden. Allmählich traten diese und andere Gräueltaten in der Presse und in der Vorstellung der Öffentlichkeit an die Stelle von Teresas erbärmlichem Tod. Die Akte blieb jedoch offen und wurde von der Polizei in Southampton ständig aktualisiert. Die Ermittler der örtlichen Kriminalpolizei vergaßen Teresa nicht und warteten in aller Stille auf einen Hinweis auf die Identität ihres Mörders. Ende 1980 erhielten sie dann einen Anruf von einem Londoner Gefängnisbeamten. Der Hinweis, den sie suchten, war aufgetaucht.

[4]

Das Geständnis

Sean Hodgson, so waren sich seine Familie und seine Nachbarn einig, war ein normaler Teenager. "Ein netter, ruhiger Mann", sagen sie, "der für sich blieb", auch wenn alle Beweise das Gegenteil besagen. Hodgson, der 1952 in Irland geboren wurde, aber in der Grafschaft Durham aufwuchs, nachdem seine Familie Mitte der 1950er Jahre nach Nordengland gezogen war, kam schon als Jugendlicher mit dem Gesetz in Konflikt. Er entwickelte eine Vorliebe für Einbrüche und wurde mit elf

Jahren in eine der berüchtigten "Borstal"-Sonderschulen geschickt.3 Diese sollten jugendliche Straftäter rehabilitieren, indem sie in einer Besserungsanstalt und nicht in einem Erwachsenengefängnis untergebracht wurden, doch ihr Ruf war zwiespältig. Die jungen Häftlinge wurden erfolgreich von Schwerverbrechern ferngehalten. Das Problem war, dass viele von ihnen selbst ziemlich hartgesotten waren, und die Borstals waren harte und oft gewalttätige Einrichtungen. Es besteht kein Zweifel daran, dass ein Aufenthalt in einer solchen Einrichtung für viele Straftäter ein so großer Schock war, dass sie lieber aufrichtig wurden, als wieder ins Gefängnis zu gehen. Das war bei Sean Hodgson nicht der Fall.

In den anderthalb Jahrzehnten zwischen Hodgsons Entlassung aus der Erziehungsanstalt und dem Mord an Teresa wurde er immer wieder verhaftet. Einbruch war eine häufige Anklage. Autodiebstahl war eine andere. Unter diesen Bagatelldelikten gab es jedoch auch einige Hinweise auf eine dunklere Pathologie. Im Vereinigten Königreich gelten strenge Gesetze für den Umgang mit Waffen, gegen die Hodgson mindestens einmal verstoßen hat: Er wurde wegen des Besitzes einer Angriffswaffe verurteilt. Eine weitere Verurteilung erfolgte wegen ungesetzlichen Geschlechtsverkehrs, d. h. Sex mit einem Minderjährigen oder einer Person, die nicht einwilligungsfähig ist - mit anderen Worten: Vergewaltigung. 1978 wurde bei ihm eine schwere Persönlichkeitsstörung und ein zwanghafter Lügner diagnostiziert. Zu diesem Zeitpunkt war er bereits regelmäßiger und starker Drogenkonsument, was seiner geistigen Gesundheit wahrscheinlich nicht zuträglich war.

Hodgsons Aufenthaltsort während eines Großteils der 1970er Jahre lässt sich ziemlich genau bestimmen. Das liegt daran, dass er sich die meiste Zeit in einer Polizeizelle oder im Gefängnis befand. Er kam am Tag des Mordes in Southampton an, meldete sich in einer Herberge an und wurde innerhalb von 48 Stunden wegen Diebstahls verhaftet. Am 7. Dezember behauptete er, etwas über den Mörder von Teresa zu wissen, und gab der Polizei eine Erklärung ab, in der er einen Bekannten für den Mord verantwortlich machte. Die Polizei überprüfte den Mann, den er genannt hatte, stellte jedoch fest, dass er Blut der Gruppe O hatte, und schloss ihn als Verdächtigen aus. Hodgsons eigenes Verhalten war seltsam genug, um Verdacht zu erregen, und die Ermittler versuchten, seine Bewegungen in jener Nacht zu ermitteln, konnten aber keine Details finden. Sie konnten sich nur auf das stützen, was Hodgson selbst sagte, und sie glaubten ihm nicht. Es gab jedoch keine direkten Beweise, die ihn mit dem Mord in Verbindung brachten, so dass seine Akte in den Hintergrund geriet. Das sollte sich ein Jahr später ändern.

In der Zwischenzeit konnte sich Hodgson einfach nicht aus den Schwierigkeiten heraushalten. Am 16. Mai 1980 plädierte er vor dem Southampton Magistrate's Court auf schuldig in Bezug auf neue Anklagen wegen Diebstahls. Er wurde auf Kaution freigelassen, um sein Urteil abzuwarten, aber vor der Anhörung wurde er erneut verhaftet, diesmal in London, und wegen einer weiteren Liste von Straftaten angeklagt. Dabei ging es vor allem um einen illegalen Werkzeugsatz, den er bei sich trug und mit dem sich Autotüren ohne Schlüssel öffnen lassen. Mitte Juli wurde er von einem Londoner Gericht zu einer dreijährigen Haftstrafe verurteilt und in das Wandsworth-Gefängnis eingewiesen.

Die Familie Hodgson war irisch-katholisch, und Sean wurde bald ein vertrauter Besucher des katholischen Kaplans in Wandsworth. Am 11. Dezember 1980 tauchte er in der Gefängniskapelle auf und sah aufgeregt aus. Er wolle beichten, sagte er, irgendetwas störe ihn. Pater Frank Moran hatte während seiner Zeit in Wandsworth schon viele schockierende Beichten gehört, und er war im Begriff, eine weitere zu hören.

Moran hörte zu, als Hodgson erklärte, dass er von Albträumen geplagt wurde, in denen er das Gesicht einer Frau sah, die er im Jahr zuvor getötet hatte. Der Jahrestag ihres Todes war gerade vergangen und er konnte die Schuldgefühle nicht ertragen. Wo hatte der

Mord stattgefunden? Moran wollte es wissen. In Southampton. Das Geständnis fiel natürlich unter den Schutz der Beichtkabine, aber am nächsten Tag sprach Hodgson mit einem Anwalt und wiederholte es dann vor einem Gefängnisbeamten. Der Beamte machte sich Notizen über das, was er hörte, als Hodgson beschrieb, wie er das Mädchen schlug, um sie zum Schweigen zu bringen, ihre Kleidung zerriss und ihren Körper ausraubte. Dann schrieb er eine Notiz, in der er den Ort des Mordes als Tom Tackle angab. Zu diesem Zeitpunkt spielte es keine Rolle mehr; jeder wusste, von welchem Mord er sprach. Die Polizei von Southampton wurde kontaktiert und erfuhr, dass ein Häftling aus Wandsworth den Mord an de Simone gestanden hatte. Natürlich waren sie interessiert. Als sie hörten, dass es sich um jemanden handelte, den sie bereits wegen des

Mordes ins Visier genommen hatten, war ihr Interesse noch größer. Am 15. Dezember traf ein Team aus Southampton im Londoner Gefängnis ein und begann mit dem Verhör von Hodgson.

Hodgson war bereits mehrfach dabei ertappt worden, dass er Verbrechen zugab, die er unmöglich begangen haben konnte - darunter mehrere, die sich ereignet hatten, während er in einer Zelle saß, und einige weitere, die gar nicht stattgefunden hatten -, und wenn er sich an ein einfaches Geständnis gehalten hätte, wäre es wahrscheinlich nicht sehr ernst genommen worden. Er redete jedoch weiter, Interview um Interview, und die Ermittler füllten schnell Notizbücher mit Details über das Verbrechen. Obwohl der Mord in den Medien viel Aufmerksamkeit erregt hatte, hatte die Polizei einige Details verschwiegen, eine übliche Taktik, um verrückte Geständnisse herauszufiltern. Der Presse war mitgeteilt worden, dass Teresa erwürgt worden war, aber nicht wie. Hodgson beschrieb ein langes, langsames Erwürgen und den Schaum, der aus dem Mund seines Opfers sprudelte. Die Zeitungen hatten Fotos von einer Uhr gezeigt, die der von Teresas Leiche gestohlenen Uhr ähnelte, aber die Polizei hatte die Tatsache verschwiegen, dass jemand versucht hatte, eine passende Uhr in den Bars der Stadt gegen Bargeld zu verkaufen; Hodgson erzählte den Beamten, wie er sie an einen Mann in einer Bar verkauft hatte. Er erzählte auch, wie die Kette, die sie um den Hals trug, während des Angriffs zerbrochen war. Teresas Kette und ihr Kruzifix waren von ihrem Leichnam verschwunden. Er beschrieb, wie sie in das Auto stieg; sie habe sich mit den Beinen nach außen auf den Sitz gesetzt und dann die Beine nach innen geschwungen, als sie die Tür schloss. Die Polizei bat Mary Sedotti zu beschreiben, wie ihre Tochter in ein Auto gestiegen war. Es passte genau. Hodgson erzählte, wie er Teresa mit ihren Beinen "in einer merkwürdigen Position" zurückgelassen hatte, was durchaus zum Tatort zu passen schien.

Hodgsons Schilderung des Mordes entsprach auf unheimliche Weise den Tatsachen, einschließlich fast aller Details, die die Polizei verschwiegen hatte. Es war schwer zu glauben, dass er so viele Dinge einfach nur zufällig richtig gesagt hatte. Hatten die Ermittler ihm bewusst oder unbewusst beigebracht, was er sagen sollte? Dafür gibt es keine Anhaltspunkte, aber es ist auch nicht auszuschließen. Polizeiverhöre wurden damals nicht routinemäßig aufgezeichnet, so dass die einzigen Aufzeichnungen des Gesprächs handgeschriebene Notizbücher und die von der Polizei selbst erstellten getippten Abschriften waren. Nicht alle Unterlagen zu diesem Fall sind erhalten geblieben. Bekannt ist nur, dass die Befrager Hodgson fragten, warum er einen anderen Mann für den Mord verantwortlich gemacht habe. Um den Druck von sich zu nehmen, erklärte er, war das nicht offensichtlich?

Die Befragungen waren umfangreich. Am 19. Dezember wurde Hodgson nach Southampton gebracht und die Polizei forderte ihn auf, ihr seine Bewegungen in dieser Nacht zu zeigen. Er tat dies und zeigte Orte, an denen er seiner Aussage nach einige von Teresas Habseligkeiten entsorgt hatte. Er fertigte eine Skizze an, die einen markanten Wandabschnitt zeigte, und erklärte den Beamten, dass er dort ihr Tagebuch hingeworfen habe. Die Ermittler fanden die Fotos, auf denen die Handtasche und die Geldbörse gefunden worden waren; die Wand auf den Fotos stimmte genau mit der Skizze überein. Am 21. Dezember, zurück in Wandsworth, bat er um ein Gespräch mit einem Gefängnisbeamten und begann mit einer weiteren detaillierten Beschreibung des Verbrechens, die er in halsbrecherischem Tempo vortrug. Weitere belastende Details wurden zu Papier gebracht. Weil er betrunken gewesen sei, habe er sich übergeben, als er nach der Tat wegging, sagte er dem Beamten. Der von ihm beschriebene Bereich, in den er gekotzt hatte, passte zu dem, was ein Anwohner unmittelbar nach dem Mord gemeldet hatte. Zwei Tage später übergab Hodgson einem Polizisten zwei Notizbücher und sechs Blätter Papier, in denen er ein weiteres Geständnis niedergeschrieben hatte. Diesmal sagte er, er habe sie getötet, weil sie seine Annäherungsversuche verschmäht habe. Es war ein neues Element, und niemand glaubte ihm wirklich, aber es widersprach nichts von dem, was er zuvor gesagt hatte.

Im Laufe der nächsten Wochen wurden weitere schriftliche Geständnisse von Hodgson abgegeben oder in seiner Zelle gefunden. Am Weihnachtstag gestand er einen weiteren Mord, dieses Mal in London. Der Gefängniswärter, der dieses Geständnis las, sagte seinen Vorgesetzten, er halte es für "einen Haufen Scheiße".4 Diese Geschichte enthielt nicht die Fülle an Details, die seine Notizen und Aussagen über Teresas Tod enthielten. Ebenso wenig wie die nächste Behauptung vom 27. Dezember, er habe Ende 1978 einen schwulen Mann ermordet. Die Ermittler mussten den letzten Behauptungen nachgehen, aber sie waren nicht sehr überrascht, als sie herausfanden, dass keiner der beiden Morde stattgefunden hatte. In der Zwischenzeit kamen immer mehr Details über Teresa ans Licht. Am 2. Januar 1981 wurde Hodgson erneut befragt, und obwohl sein Pflichtverteidiger ihm davon abriet, eine Aussage zu machen (und die Polizei bat, diese Tatsache zu vermerken), erzählte er den Ermittlern, dass er sich an weitere Details erinnert habe. Zum ersten Mal gab er an, Teresa vergewaltigt zu haben - was er zuvor abgestritten hatte - und fragte die Polizisten, ob sie "die Jacke mit dem Schleim aus ihrer Vagina" gefunden hätten. Er behauptete, er habe sie mit einem Reifeneisen vergewaltigt, was die inneren Verletzungen erklären würde, die sie erlitten hatte - ein weiteres Detail, das nicht veröffentlicht worden war. Er behauptete, er habe sie mit einem Bein auf der Hutablage und mit dem anderen hinter dem Fahrersitz zurückgelassen. Wenn sie in dieser Position zurückgelassen worden war und das angehobene Bein heruntergefallen war, konnte das leicht erklären, wie sie tatsächlich gefunden worden war, und auch das war nicht bekannt geworden. Dann beschrieb er erneut, wie er sich übergeben hatte, als er vom Tatort wegging. Während er das getan habe, sei in einer nahe gelegenen Wohnung das Licht angegangen und jemand habe hinausgeschaut. Die Polizei wusste, dass tatsächlich jemand das Licht angemacht und hinausgeschaut hatte.

Am 18. Februar kam die Polizei mit einigen materiellen Beweisen zurück. Sie fragten Hodgson nach einem roten Stift mit dem Logo von Ladbrokes, einer bekannten

Buchmacherkette.[1] Er sagte, es sei sein Stift und er habe ihn zuletzt am Tag des Mordes gesehen. Er sagte, er habe einen passenden grünen Kugelschreiber, den die Polizei bei seinen Habseligkeiten im Lagerraum des Gefängnisses finden konnte. Die Ermittler untersuchten den Sack mit den persönlichen Gegenständen. Darin befand sich ein grüner Ladbrokes-Stift. Der nächste war ein schwarzer Plastikkamm, der auf dem Boden des Wagens gefunden worden war. Hodgson erklärte ihnen, dass er ihm gehöre, da er ihn bei einem früheren Gefängnisaufenthalt erhalten habe. Er wies auf einige Kratzer darauf hin und sagte, es seien seine Initialen. Die Polizisten schickten den Kamm zur gerichtsmedizinischen Untersuchung. Der Techniker stellte fest, dass die

---

[1] Buchmacher sind im Vereinigten Königreich legal, und in den meisten Städten gibt es Filialen von Ladbrokes.

Kratzer absichtlich gemacht worden waren, und obwohl es schwer zu sagen war, ob es sich um Hodgsons Initialen handelte, konnten sie es durchaus sein. Woher stammte der Kamm? Oh, sagte der Techniker, das war einfach. Es war ein billiges Modell, das im Auftrag des Innenministeriums für Gefängnisinsassen hergestellt wurde. Schließlich fragte die Polizei Hodgson nach dem Schlüsselbund, den er bei seiner Verhaftung am Trafalgar Square in der Tasche gehabt hatte. Er zeigte auf einen und sagte, es sei ein "Jiggler", mit dem man jedes Ford-Auto öffnen und starten könne. Er gab an, ihn benutzt zu haben, um in Teresas Auto einzubrechen. Die Polizei machte einen identischen Escort ausfindig und probierte den Jiggler an den Schlössern aus. Die Türen öffneten sich.

Hodgson hatte den Mord an Teresa gestanden und ein Motiv für den Mord angegeben. Er hatte - sowohl mündlich als auch in freiwilligen schriftlichen Erklärungen - viele Details des Verbrechens gestanden, darunter auch einige, die nie öffentlich gemacht worden waren. Es gab Skeptiker unter den Ermittlern, und sie hatten ihn in mehreren Punkten in Frage gestellt, aber jedes Mal hatte er eine Antwort gegeben, die Sinn machte, wenn er tatsächlich der Mörder war. Er hatte sich selbst gründlich aus seinem eigenen Mund verdammt. Jetzt fehlte nur noch ein weiteres Element, um ihn eindeutig mit dem Verbrechen in Verbindung zu bringen - seine Blutgruppe. Da er schon früh in den Ermittlungen untersucht worden war, wusste die Polizei in Southampton dies bereits. Hodgsons Blut gehörte zur Gruppe A. Das war genug. Er wurde förmlich der Vergewaltigung und des Mordes an Teresa de Simone angeklagt.

[5]

DIE VERHANDLUNG

Im britischen Rechtssystem müssen schwere Verbrechen wie Vergewaltigung und Mord vor einem Richter und Geschworenen an einem Crown Court verhandelt werden. Der Crown Court für Hampshire - die Grafschaft, in der Teresa ermordet wurde - befindet sich in Winchester, dem Sitz der Grafschaft. Diese alte Stadt wurde von den Römern an der Stelle eines eisenzeitlichen Marktes gegründet und war unter Alfred dem Großen die Hauptstadt des Königreichs Wessex. Später wurde sie

Hauptstadt des neu geeinten Englands, bis London irgendwann im 12. Heute ist es eine angenehme Marktstadt und das Handels- und Regierungszentrum einer wohlhabenden Region Südenglands. Sean Hodgson wurde Anfang 1982 dorthin gebracht, um sich wegen der Vergewaltigung und Ermordung von Teresa de Simone vor einem Gericht zu verantworten.

Hodgson hatte große Anstrengungen unternommen, um die Leute davon zu überzeugen, dass er Teresa getötet hatte. Erst die ermittelnden Detectives, dann der Director of Public Prosecutions[2] (ein Beamter der Bezirksregierung, der darüber entscheidet, ob eine Strafverfolgung im öffentlichen Interesse liegt und ob genügend Beweise vorliegen) hatten den Fall

---

[2] Zum Zeitpunkt des Prozesses wurden diese Entscheidungen auf Bezirksebene getroffen. Seit 1986 ist eine neue nationale Behörde, der Crown Prosecution Service, für die Strafverfolgung im gesamten Vereinigten Königreich zuständig.

zunächst mit Skepsis betrachtet, waren dann aber von der Masse der Beweise in den wiederholten Geständnissen überzeugt worden. Es ist schwer zu verstehen, warum er das getan hat. Es steht außer Frage, dass er psychisch krank war und selbstzerstörerische Tendenzen hatte. Es ist auch offensichtlich, dass er Aufmerksamkeit suchte. Erklärt dies jedoch seine Taten vollständig? Das ist eine schwierige Frage. Wenn er nur Aufmerksamkeit wollte, hat er sie jetzt sicherlich bekommen. Wenn er jedoch versucht hat, sich selbst zu schaden, indem er sich eine lange Haftstrafe verdient, warum hat er dann getan, was er als Nächstes tat?

Als der Verhandlungstermin am 21. Januar näher rückte, begann Hodgson einen Rückzieher zu machen. Er versicherte seinem Anwalt verzweifelt, er sei ein Phantast, der zwanghaft lüge. Der Anwalt war da, um ihn zu verteidigen, und akzeptierte diese Aussage als gut genug, um sie vor Gericht zu verwenden. Hodgson war jedoch weit über den Punkt hinaus, an dem eine plötzliche Behauptung, er habe phantasiert, ihn retten konnte. Sein Geständnis hatte die Aufmerksamkeit der Polizei auf ihn gelenkt und ihn als Verdächtigen ins Spiel gebracht, aber die Staatsanwaltschaft stützte ihren Fall nicht darauf. Wäre das der Fall gewesen, hätte ein Widerruf den Fall zunichte gemacht und ihn auf freien Fuß gesetzt, aber er hatte viel zu viele Details hinzugefügt, und die waren zu überzeugend gewesen. Die Anklage stützte sich auf eine Fülle von Indizien, die alle von Hodgson selbst sorgfältig verifiziert worden waren und die ihn mit dem Tod von Teresa am Tatort in Verbindung brachten. Es spielte keine Rolle, ob er sein Geständnis der Vergewaltigung und des Mordes zurückzog. Er war beim Verlassen des Tatorts gesehen worden und hatte zugegeben, dass er es war. Er war im Besitz eines Geräts verhaftet worden, mit dem sich die Türen des Escort öffnen ließen. Seine Habseligkeiten waren im Auto des Opfers gefunden worden und er hatte bestätigt, dass sie ihm gehörten. Er hatte behauptet, von ihr zurückgewiesen worden zu sein, dann war sie tot aufgefunden worden und mit Sperma bespritzt, das seiner Blutgruppe entsprach. Er hatte sich selbst in die Enge getrieben und es gab keinen Ausweg mehr.

Bei der Eröffnung des Prozesses legten die Staatsanwälte der Krone ihren Fall dar. Ihre Darstellung von Hodgsons Handlungen in jener Nacht stimmte weitgehend mit seinen Geständnissen überein, aber zum Entsetzen der Verteidiger erläuterte die Staatsanwaltschaft in mühevoller Kleinarbeit, wie sie die Abfolge der Ereignisse nur anhand der anderen Beweise aufgebaut hatte. Jedes Teil passte genau an die richtige Stelle. Die Geschworenen hörten sich die lange Litanei der belastenden Beweise an. Die Präsentation dieser Beweise und die Erläuterung ihrer Bedeutung nahm den größten Teil der 15-tägigen Verhandlung in Anspruch; die Behauptungen des Verteidigers, er habe sich etwas ausgedacht, wurden von den Geschworenen mit Verachtung abgetan. Natürlich leugnete er es jetzt, dachten sie. Er hatte erkannt, wie ernst es war. Es ging hier nicht um einen Aufenthalt in einer Erziehungsanstalt oder um ein paar Jahre Gefängnis wegen Autodiebstahls. Es ging um einen Richter am Crown Court, der ihn lebenslang wegsperren konnte. Sein Anwalt argumentierte, dass er ein überzeugender Lügner sei. Die Geschworenen stimmten zu, dass er überzeugend war - er hatte sie auf jeden Fall überzeugt -, aber sie glaubten ihm nicht, dass er ein Lügner war.

Hodgson selbst, dumm bis zum Schluss, gab seiner eigenen Verdammnis den letzten Schliff. Er weigerte sich, in den Zeugenstand zu treten oder sich einem Kreuzverhör zu unterziehen. Die Geschworenen hörten nie eine andere Version davon, wo er in jener Nacht gewesen war und was er getan hatte. Alles, worauf sie ihr Urteil stützen konnten, war eine minutiöse Rekonstruktion, die durch Zeugenaussagen und materielle Beweise untermauert wurde - nichts davon war Hodgson bereit zu bestreiten. Sie hörten keine Gründe für die zahlreichen Geständnisse, die er freiwillig abgelegt hatte. Sie hörten keine Erklärung dafür, woher er so viel über Teresas letzte Momente und den

Zustand ihres Körpers wusste. Ihre Entscheidung war vorhersehbar. Um 11:00 Uhr am 5. Februar 1982 zogen sie sich zurück, um das Urteil zu beraten. Knapp drei Stunden später befanden sie Sean Hodgson einstimmig der Vergewaltigung und des Mordes durch Strangulation an Teresa de Simone für schuldig. Richter Sheldon stimmte dem zu. Seit der Abschaffung der Todesstrafe im Jahr 1967 gibt es im Vereinigten Königreich nur noch eine mögliche Strafe für Mord, nämlich lebenslange Haft. In Großbritannien ist lebenslänglich eine unbefristete Strafe, aber wenn nicht ein "lebenslänglicher Tarif" festgelegt wird - das bedeutet, dass der Verurteilte im Gefängnis stirbt -, muss er eine Mindeststrafe verbüßen, bevor er Bewährung beantragen kann. Bei sexuell schwerwiegenden Morden wie dem von Teresa beträgt die Mindeststrafe 30 Jahre. Das britische Rechtssystem wird oft dafür kritisiert, zu milde zu sein, und auf niedrigeren Ebenen ist es das auch, aber die Dinge sind anders, wenn man wegen Mordes eine lebenslange Haftstrafe zu erwarten hat. Wenn der Richter 30 Jahre anordnet, werden Sie in 30 Jahren hinter Gittern sitzen. Und danach? Benehmen Sie sich, zeigen Sie, dass Sie sich geändert haben, und Sie haben vielleicht Glück. Aber vielleicht auch nicht. John Straffen starb nach 55 Jahren im Gefängnis. Ian Brady wurde 1966 inhaftiert und macht keine Pläne für seine Freilassung.

Um für eine Bewährung in Frage zu kommen, müssen Sie unter anderem Ihre Schuld zugeben.

[6]

VERWIRRUNG

Die Tinte auf der Unterschrift von Richter Sheldon war kaum getrocknet, als Hodgsons Verteidiger um die Erlaubnis bat, gegen die Verurteilung Berufung einzulegen. Der Antrag stützte sich ausschließlich auf die Gültigkeit der Geständnisse und stellte mehrere Behauptungen auf, um zu erklären, warum Hodgsons Geständnisse so überzeugend waren:

1. Hodgson hatte eine beträchtliche Menge an Informationen aus der Fernseh- und Zeitungsberichterstattung über den Mord gesammelt und zusammengestellt.
2. Er hatte sich aus den Äußerungen der Polizisten während der Verhöre und den an ihn gerichteten Fragen weitere Details zusammengereimt.
3. Durch kluges Raten konnte er viele der unbekannten Details ausfüllen, auf die sich die Polizei verlassen hatte, um falsche Geständnisse auszuschließen.
4. Hodgson hatte die Polizei davon überzeugt, dass die Gegenstände, die er am Tatort gefunden hatte, tatsächlich ihm gehörten, indem er sie für sich beanspruchte und Bemerkungen dazu machte.

Der Antrag machte Sinn; es war möglich, dass Hodgson seine Geständnisse mit Hilfe der auf diese Weise erhaltenen Details ausschmückte. Ob intelligentes Raten alle Lücken hätte schließen können, steht natürlich zur Debatte. Glückliches Raten könnte eher zutreffend sein. Das Problem im Hinblick auf eine Berufung bestand darin, die Revisionsgerichte davon zu überzeugen, dass es sich hierbei um eine legitime Frage handelte, die im ursprünglichen Prozess nicht angemessen berücksichtigt worden war. Das würde schwierig werden.

Das Berufungsgericht sah sich den Antrag an und verglich ihn mit den Prozessunterlagen. Hatte Hodgson dem Richter und den Geschworenen gesagt, dass er phantasiert hatte und überfordert war? Nein, das hatte er nicht. Er hatte es in einer nicht beeideten Erklärung erwähnt, sich aber geweigert, in den Zeugenstand zu gehen und seine Version der Ereignisse zu schildern. Für die Berufungsrichter war dies kein rechtmäßiger Antrag; es handelte sich um eine neue Geschichte, die zuvor noch nicht aufgetaucht war, und soweit sie es beurteilen konnten, diente sie nur dazu, eine vernünftige Entscheidung zu kippen. Im Mai 1983 wurde Hodgson die Berufung verweigert;5 wenn er seine Freiheit wollte, musste er warten, bis er 2012 einen Antrag auf Bewährung stellen konnte.

Hodgson trat eine lange Haftstrafe an, und in den Augen der Polizei und der Öffentlichkeit war der Fall abgeschlossen. Der Fall verschwand jedoch nicht völlig in der Versenkung. Vor dem Prozess hatte es mehrere Geständnisse gegeben, und Ende 1983 gab es ein weiteres. Am 17. September erzählte ein

21-jähriger Einzelgänger mit einem langen Vorstrafenregister der Polizei, dass er in der Mordnacht aus einem Pflegeheim in Portsmouth gekommen war, nachdem er einem Mitbewohner Bargeld und einen Rucksack gestohlen hatte, und sich auf den Weg nach Southampton gemacht hatte. Er hatte sich hinter dem Tom Tackle herumgetrieben, als Jenni Savage Teresa an ihrem Auto absetzte, und als Savage wegfuhr, hatte er sich dem Fahrzeug genähert und nach der Uhrzeit gefragt. Als Teresa dann das Fenster öffnete, packte er sie, drang in das Auto ein, vergewaltigte sie und erwürgte sie dann mit dem Sicherheitsgurt.

Ein Geschworenengericht hatte bereits jemanden für den Mord an Teresa ins Gefängnis geschickt, aber die Polizei machte trotzdem ihre Arbeit. Sie befragten den jungen Mann zu den Einzelheiten des Verbrechens. Was

Geständnisse angeht, waren sie sich einig, dass dieses nicht sehr beeindruckend war. Die Grundzüge waren ausreichend genau - kein Wunder nach der Publicity, die die Ermittlungen und der Prozess ausgelöst hatten - aber der Rest war voller Fehler. Er konnte nicht einmal das Auto genau beschreiben - er sagte, es habe vier Türen, obwohl es eigentlich zwei hatte - oder Einzelheiten zu den Kleidern angeben, die er während des Angriffs zerrissen haben will. Dieses Geständnis wurde zusammen mit den anderen zu den Akten gelegt; es trug nicht dazu bei, irgendjemanden davon zu überzeugen, dass Sean Hodgson nicht verantwortlich gewesen sein könnte. Der junge Mann wurde wegen des Diebstahls, für den er gerade verhaftet worden war, angeklagt und ins Gefängnis gesteckt, aber er wurde nicht mit dem Mord an Tom Tackle in Verbindung gebracht.

Sein Geständnis wurde nicht ernst genug genommen, um Hodgsons Anwaltsteam davon zu unterrichten. Dies wurde seitdem kritisiert - vor allem von Hodgson-Anhängern -, aber es ist schwer zu erkennen, was es hätte ändern können. Ein neuer Antrag auf Berufung auf der Grundlage eines derart schlampigen Geständnisses hätte keine Aussicht auf Erfolg gehabt. Es gab nun sieben Geständnisse zu dem Mord, und alle bis auf eines waren völlig unglaubwürdig. Das einzige, das echt aussah, war das von Hodgson.

[7]

INNERHALB

Das Leben im britischen Gefängnissystem ist hart, aber nicht ganz so brutal wie in einem amerikanischen Hochsicherheitsgefängnis. Wie man weiterkommt, hängt davon ab, wie man sich verhält, sobald man in den Mauern sitzt. Man kann eine relativ leichte Zeit absitzen, oder man kann eine schwere Zeit absitzen. Sean Hodgson scheint sich die härteste Zeit vorgenommen zu haben, die er absitzen konnte. Fast unmittelbar nach seiner Verurteilung begann er, gegen das System anzukämpfen, scheinbar ohne sich der Tatsache bewusst zu sein, dass das System unendlich viel mächtiger war als er selbst. Um seine Unschuld zu beteuern, begann er mit einer Reihe von Hungerstreiks und anderen kleinen Rebellionen. Als er inhaftiert wurde, hatte er eine Freundin, eine Beziehung, die irgendwie fünf Jahre lang gehalten hatte. Nun weigerte er sich, sie zu sich kommen zu lassen, und sagte ihr, sie solle mit ihrem Leben weitermachen,6 . Die Beziehung ging schnell in die Brüche. Danach verfiel er in eine tiefe Depression und landete abwechselnd im Krankenflügel und auf der Selbstmordwache. Mitte der 1980er Jahre war sein geistiger Zustand so schlecht, dass er nach Broadmoor verlegt wurde, einem Hochsicherheitskrankenhaus, in dem einige der gefährlichsten unausgeglichenen Mörder Großbritanniens untergebracht sind. Hodgson verbrachte dort acht Jahre, bevor er wieder in das reguläre Gefängnissystem verlegt wurde. Nach seiner Zeit in der Anstalt verbrachte er den Rest seiner Strafe im Her Majesty's Prison Albany.

HMP Albany ist eines von drei Hochsicherheitsgefängnissen auf der Isle of Wight. Das britische Äquivalent zu den Hochsicherheitsgefängnissen sind die Gefängnisse der Kategorie A, in denen extrem gefährliche Mörder und nationale Sicherheitsrisiken inhaftiert sind. Als Gefängnis der Kategorie B ist Albany eine Stufe niedriger; dennoch ist es ein streng kontrollierter, praktisch ausbruchsicherer Knast, in dem Räuber, Vergewaltiger und Mörder einsitzen. Albany ist dazu da, Kriminelle zu bestrafen und die Öffentlichkeit während ihrer Haftzeit vor ihnen zu schützen. Die meisten Insassen sind lebenslänglich, aber irgendwann kommen sie für eine Bewährung in Frage und müssen bereit sein, in die Gesellschaft zurückzukehren. Das bedeutet, dass das Gefängnis auch eine ganze Reihe von Wiedereingliederungsdiensten anbietet, um sie auf diesen Tag vorzubereiten. Therapien, Bildungskurse, Berufsausbildung und Praktika stehen den Insassen zur Verfügung, und sie werden nachdrücklich ermutigt, davon Gebrauch zu machen. Hodgson weigerte sich. Er war der Meinung, dass die Teilnahme an einem der Programme ein Schuldeingeständnis bedeuten würde.7 Es ist nicht ganz klar, wie er auf diese Idee kam, aber er hielt während seiner gesamten Haftzeit daran fest.

Hodgson zog sich immer mehr zurück und schloss sich täglich bis auf wenige Minuten in seiner Zelle ein. Er weigerte sich, in der Kantine mit den anderen Häftlingen zu essen; das

Personal brachte ihm die Mahlzeiten in seine Zelle. Er verließ die Zelle fast nur während der Schließung zwischen 19:00 und 7:00 Uhr; das computergesteuerte Türsystem ließ jeden Insassen dreimal für fünf Minuten hinaus. Die restliche Zeit blieb er in der verschlossenen 8 x 4 Fuß großen Zelle und hörte Radio, las Gerichtsdramen und schrieb Briefe an Anwaltskanzleien. Die meisten dieser Briefe, so behauptete er, blieben unbeantwortet. Vielleicht stimmt das, vielleicht hat er aber auch gar nicht so viele Briefe geschrieben, wie er behauptete. Schließlich konnte man sich kaum darauf verlassen, dass er die Wahrheit sagt. Es ist unwahrscheinlich, dass irgendjemand großes Interesse daran gehabt hätte, sich seines Falles anzunehmen. Die Beweise für seine Schuld schienen erdrückend zu sein. Doch selbst von seiner Zelle aus konnte Hodgson erahnen, dass sich dies ändern könnte.

[8]

DNA

Als Hodgson wegen des Mordes an Teresa angeklagt wurde, waren die Möglichkeiten der forensischen Wissenschaft weitaus geringer als heute. Proben von Blut und anderen Körperflüssigkeiten konnten grob der Blutgruppe zugeordnet werden, und das war ein wertvolles Hilfsmittel, um potenzielle Verdächtige auszuschließen - wenn jemand Blut der Gruppe O hatte, konnte er zum Beispiel keine Proben der Gruppe A am Tatort hinterlassen haben.

Die Wissenschaft der Genetik machte jedoch ständig Fortschritte und versprach den Ermittlern etwas Besseres. 1984 meldete ein Team der Universität Leicester, dass es eine neue Technik auf der Grundlage der DNA-Analyse entwickelt hatte.

Die DNA ist das komplexe Molekül, das als Anleitung für einen sich entwickelnden Organismus dient. Es ist eigentlich kein Bauplan, aber als Analogie ist es für die meisten Zwecke nahe genug. Entscheidend ist, dass die DNA zweier Menschen fast völlig identisch ist, weil sie in beiden Fällen alle Informationen enthält, die für die Entwicklung eines Menschen erforderlich sind, aber sie ist nicht absolut identisch. Die Hauptfunktion der DNA besteht darin, die Produktion von Proteinen zu katalysieren, aber unsere Gene enthalten viel mehr DNA als dafür erforderlich ist. Wissenschaftler nennen diesen

Überschuss "Junk"-DNA. Das meiste davon ist natürlich gar kein Müll; es hat eine ganze Reihe anderer Funktionen. Dennoch gibt es inmitten dieser komplexen molekularen Maschinerie einige Merkwürdigkeiten. Die menschliche DNS hat sich über Milliarden von Jahren entwickelt und in dieser Zeit einigen echten Müll angesammelt. Teile von Viren, die einen entfernten Vorfahren infiziert haben, veralteter Code für Fischmerkmale und viele andere Fragmente sind in unseren Säugetierplänen versteckt, und viele dieser Fragmente scheinen keine Funktion zu haben. Deshalb können sie durch zufällige Mutationen beliebig verändert werden, ohne dass dies irgendwelche negativen Auswirkungen hat. Das Ergebnis ist, dass 0,1 % unserer DNA von Individuum zu Individuum variieren kann, und bei Milliarden von einzelnen Gliedern in der Kette gibt es fast keine Chance, dass zwei Menschen eine absolut identische Sequenz haben. 1987 gründete das Team der Universität Leicester ein kommerzielles Testlabor, und die Erstellung von DNA-Profilen wurde schnell zu einem Bestandteil des Justizsystems. Wenn man eine DNA-Probe vom Tatort und einen Verdächtigen in Gewahrsam hat, kann man sehr leicht eine zuverlässige Ja/Nein-Antwort erhalten.

Es dauerte ein paar Jahre, bis jemand, der mit Hodgsons Fall zu tun hatte, die Auswirkungen der neuen Technologie erkannte, aber es scheint, dass sich 1998 jemand fragte, ob die DNA-Profilierung seinen Namen reinwaschen könnte. DNA-Tests für britische Strafsachen wurden damals vom Forensic Science Service durchgeführt, und in jenem Jahr stellte ein Anwalt, der Hodgson vertrat, einen Antrag auf Offenlegung von Beweismitteln.8 Er wollte

Einzelheiten zu den zurückbehaltenen Spermaproben erfahren. Hodgson befand sich im Gefängnis und war bereit, eine DNA-Probe abzugeben; wenn diese mit einer Probe aus Teresas Körper verglichen werden könnte, würde der Vergleich seine Unschuld beweisen, falls Hodgson sie behauptete.

An diesem Punkt mischte sich die Geschichte ein. Der Forensic Science Service war 1991 als Regierungsbehörde gegründet worden und hatte die meisten forensischen Aufgaben von einer Reihe früherer, lokaler und regionaler Organisationen übernommen. Die Aufzeichnungsmethoden (und -standards) dieser älteren Organisationen waren nicht sehr einheitlich, so dass der FSS zwar über ein umfangreiches Archiv von Beweismitteln und Proben aus Fällen aus der Zeit vor 1991 verfügte, aber nicht über einen völlig zuverlässigen

Katalog dieser Gegenstände. Als Hodgsons Anwalt nachfragte, ob irgendwelche Proben vorhanden seien, konnte der FSS keine Aufzeichnungen darüber finden und antwortete, dass keine aufbewahrt worden seien. Hodgson lag zu diesem Zeitpunkt krank im medizinischen Trakt des Gefängnisses und konnte seinem Anwalt keine weiteren Anweisungen geben, so dass die Untersuchung im Sande verlief. Es dauerte fast zehn Jahre, bis er die Spur wieder aufnahm, dieses Mal mit einem neuen Anwaltsteam.

Das Innere eines britischen Gefängnisses wollen die meisten Menschen nicht unbedingt sehen, aber wenn man einmal drin ist, gibt es ein paar Annehmlichkeiten. Zum Beispiel den kostenlosen Zugang zu Fernkursen der Open University oder zur Berufsausbildung. Es gibt mehrere Freiwilligengruppen, die sich für die

Rehabilitierung und Unterstützung der Insassen einsetzen. Es gibt sogar eine nationale Zeitung für diejenigen, die sich auf der falschen Seite der Gitter befinden. Sie heißt Inside Time und ist eine überraschend interessante Lektüre. Auf den Seiten dieser Zeitung finden Sie re- gelmäßig Briefe und Artikel von Häftlingen, die sich über Änderungen der Vorschriften beschweren, auf unzureichende Dienstleistungen hinweisen oder neue Wege vorschlagen, um ehemalige Häftlinge wieder in die Gesellschaft zu integrieren. Die Strafvollzugsbeamten sind dafür bekannt, dass sie darauf antworten, wobei sie die abwegig- sten Beschwerden manchmal gnadenlos demontieren ("Herr Starbuck beschwert sich darüber, dass er 11.000 Tage in Haft ver- bringen muss, und fragt: 'Wozu das Ganze?' Das ist ein guter Fall von 'Wehe mir'")9 und manchmal überraschend viel Verständnis für die Anliegen der Gefangenen zeigen. Die Zeitung gibt auch Inside Information heraus, ein dickes Handbuch mit Informationen über den Strafvollzug, das kostenlos an alle Gefängnisbibliotheken verteilt wird, und gibt einen Gedichtband heraus, der von Insassen geschrieben wurde. All diese Veröffentlichungen müssen natürlich bezahlt werden, und wenn man nach einer zuverlässigen Einnahmequelle sucht, wird man von der Werbung kaum im Stich gelassen. Angesichts der Zielgruppe von Inside Time überrascht es nicht, dass ein großer Teil der Anzeigen von Anwälten gekauft wird.

Es gibt viele berechtigte Gründe, warum ein Häftling mit einem Anwalt sprechen möchte. Die Vorbereitung eines Berufungsverfahrens, die Vorbereitung eines Bewährungsantrags oder der Kampf gegen eine neue Anklage - all das bedeutet, dass ein Rechtsbeistand benötigt wird, und natürlich hält ein Gefängnisaufenthalt normale Probleme nicht davon ab, sich zu melden. Das kann sogar noch wahrscheinlicher werden - im Gefängnis gibt es eine hohe Scheidungsrate, und Scheidungen schaffen auch Arbeit für Anwälte. All das macht Inside Time zu einem natürlichen Ort für Anwälte, um Werbung zu machen, egal ob es sich um eine seriöse Kanzlei oder einen zwielichtigen Krankenwagenverfolger handelt. Als Hodgson im März 2008 in seiner Ausgabe von Inside Time blätterte, fand er eine Anzeige für die Anwaltskanzlei Julian Young & Co. Die Kanzlei war auf Berufungen gegen Verurteilungen spezialisiert, und Hodgson dachte, dass sie vielleicht eine weitere Chance haben könnten, eine Probe aus der ursprünglichen Untersuchung aufzuspüren.

Julian Young war bereit, es zu versuchen, und beauftragte den Anwalt Rag Chand mit dem Fall.

Zunächst hatte Chand nicht mehr Glück als beim letzten Versuch. Der FSS konnte immer noch kein einziges verbliebenes Beweisstück - oder gar Papierkram - aus dem Fall Tom Tackle finden. Chand blieb hartnäckig. Vier Monate lang durchforstete er Archive und nutzte Zeitungsausschnitte, um sich ein Bild davon zu machen, wonach er suchte und wo es sich befinden könnte. Schließlich, im Juli 2008, hatte er Glück. Er konnte den FSS auf eine Sammlung von Beweismitteln und Dokumenten hinweisen, die in einem Industriegebiet in den Midlands, Hunderte von Kilometern nördlich des Tatorts, gelagert waren. Die Sammlung von Beweismitteln und Fallakten war dem FSS bei seiner Gründung übergeben worden, war aber nie für die Unterlagen aufgeschlüsselt worden; deshalb waren sie bei früheren Durchsuchungen nicht gefunden worden. Jetzt wussten sie jedoch, dass sie existierte, und der FSS durchsuchte sie schnell nach allem, was mit Teresas Tod zu tun hatte. Sie fanden genau das, wonach Chand gesucht hatte - die Abstriche, die ihrem Körper entnommen worden waren.10

Nachdem die Abstriche gefunden worden waren, forderte die Staatsanwaltschaft eine DNA-Probe von Hodgson an und ordnete einen Vergleich an. Die ausgewählten Abstriche stammten von Teresas Anus und Vagina; beide enthielten DNA von ihrem Angreifer. Julian Young erhielt die ersten Ergebnisse im Dezember, und am 30. Januar 2009 gab der CPS öffentlich seine Schlussfolgerung bekannt: Das in Teresas Körper gefundene Sperma konnte nicht von Sean Hodgson stammen. Damit war der Weg frei für eine Berufung, und die CPS teilte der Kommission zur Überprüfung von Strafsachen mit, dass die Krone nicht beabsichtigte, die Berufung anzufechten. Der Fall wurde für den 18. März 2009 vor dem Berufungsgericht verhandelt.

Die Argumentation für die Berufung war einfach. Es wurde nicht versucht, der Polizei, die das Verbrechen untersucht hatte, oder dem Gericht, das Hodgson verurteilt hatte, irgendeine Schuld zuzuschieben. Wenn jemandem die Schuld gegeben wurde, dann Hodgson selbst; in der Berufung wurde ausführlich dargelegt, wie er mehrere überzeugende Geständnisse abgelegt hatte, wie er anscheinend über Kenntnisse verfügte, die nur der Mörder haben konnte, und wie er seine eigene Glaubwürdigkeit vor Gericht zerstörte, indem er sich weigerte, den Zeugenstand zu betreten oder sich einer Befragung zu stellen. Die Gründe für die Berufung waren einfach und unumstritten: neue Beweise, die 1982 noch nicht vorlagen, waren entdeckt worden und zeigten, dass er Teresa einfach nicht vergewaltigt haben konnte. Da die Berufung nicht angefochten wurde, stand das Ergebnis von vornherein fest. Der Fall wurde vom Lord Chief Justice, dem obersten Richter im englischen Rechtssystem, verhandelt. Der Oberste Richter, der den passenden Namen Lord Judge trägt, entschied, dass die Verurteilung unsicher sei und hob sie auf. Es würde keinen neuen Prozess geben, da die Beweise es nicht mehr rechtfertigten, die Schuld von Hodgson zu untersuchen; er sollte sofort freigelassen werden.

Aber wenn Hodgson Teresa nicht getötet hatte, wer dann?

[9]

Neue Wege

Der Forensic Science Service (FSS) war vielleicht nicht perfekt, wenn es um die Organisation der Beweismittel in seinen Archiven ging, aber er war in anderen Bereichen führend. Das Vereinigte Königreich war das erste Land, das die DNA-Profilerstellung auf breiter Basis einsetzte, und der FSS erkannte schnell ihr Potenzial. Seit Anfang der 1990er Jahre sammelten die Polizeikräfte routinemäßig DNA-Proben, die laut Gesetz auch dann aufbewahrt werden durften, wenn der Verdächtige später wegen einer Straftat verurteilt wurde (und in vielen Fällen auch dann, wenn er freigesprochen wurde). Der FSS erkannte, dass ein hoher Prozentsatz der Straftaten von bereits verurteilten Wiederholungstätern begangen wird und dass eine Bibliothek von Proben ein wertvolles Instrument sein würde. Im Jahr 1995 wurde die erste DNA-Datenbank der Welt aktiviert, und sie wuchs rasch an. Von nun an konnte eine an einem Tatort gefundene Probe schnell mit der Datenbank abgeglichen werden.

Mit der Freilassung von Hodgson wurde der Mord an Teresa de Simone wieder auf den Stapel der ungelösten Fälle gesetzt, aber jetzt gab es eine DNA-Probe, die überprüft werden konnte, und eine umfangreiche Datenbank, mit der sie abgeglichen werden konnte. Eine neue Untersuchung mit der Bezeichnung Operation

Eisberg wurde eingeleitet, um die neuen Beweise zu nutzen. Das genetische Profil des Vergewaltigers wurde in die Suchmaschine eingegeben, um festzustellen, ob er seit 1987, als die ersten Proben entnommen worden waren, wegen eines anderen Verbrechens verurteilt worden war. Das war nicht der Fall; die Suche fand keinen Eintrag mit demselben genetischen Code wie die Probe von Teresas Leiche. Das bedeutete jedoch nicht, dass es Zeitverschwendung war.

Eine DNA-Übereinstimmung, die stark genug ist, um jemanden als Quelle einer Probe zu identifizieren, muss identische Werte an einer Reihe von Punkten im DNA-Strang aufweisen. Im Vereinigten Königreich wird bei den Tests das SGM-Plus-Matching-System verwendet, das elf Punkte im Genom vergleicht - einen, um das Geschlecht der Person zu bestätigen, und zehn, um eine Ja/Nein-Übereinstimmung festzustellen. Wenn alle elf Punkte übereinstimmen, ist ein falsches positives Ergebnis so gut wie ausgeschlossen - die Wahrscheinlichkeit dafür ist größer als die Zahl der heute lebenden Menschen und nähert sich der Gesamtzahl aller Menschen, die jemals gelebt haben. Die Suche nach der Probe von Teresa ergab nicht diese Übereinstimmung. Sie hat jedoch etwas gefunden. Jedes Baby, das geboren wird, erhält die Hälfte seiner DNA von der Mutter und die Hälfte vom Vater; die beiden elterlichen Gensätze werden bei der Empfängnis zufällig gemischt. Zufällige Mutationen fügen in jeder Generation ein paar einzigartige Codesegmente hinzu. Da die von jedem Elternteil geerbten Gene einige dieser Segmente enthalten, kann man feststellen, ob zwei Proben von Personen stammen, die miteinander verwandt sind. Die Suche ergab eine Teilübereinstimmung - die DNA-Datenbank enthielt eine Probe, die wahrscheinlich von einem Bruder des Mörders von Teresa stammte. Die FSS-Techniker untersuchten die Probe erneut und erhielten dieselbe Teilübereinstimmung. Sie zogen den Namen des Datensatzes aus der Datenbank und spürten die Geschwister auf. Ein Bruder war tot, eine Schwester lebte noch; von der Schwester wurde eine DNA-Probe angefordert, und ein weiterer Vergleich wurde durchgeführt. Es ergab sich die gleiche Teilübereinstimmung. Dies wies eindeutig auf den toten Bruder hin. Sein Name war David Lace, und am 17. September 1983 - 18 Monate nachdem Hodgson verurteilt und ins Gefängnis gesteckt worden war - hatte er den Mord an Teresa gestanden.

[10]

Der Mörder

David Andrew Williams wurde am 2. September 1962 in Portsmouth geboren. Er hatte eine schwierige Kindheit, die von Persönlichkeitsproblemen geplagt war; schon in jungen Jahren galt er als aggressiver, potenziell gewalttätiger Einzelgänger. Er entfernte sich schnell von seiner Familie und geriet in Schwierigkeiten, ging ständig in Pflegeheimen und Wohnheimen ein und aus. Seine leibliche Familie hielt die Belastung nicht mehr aus und gab ihn zur Adoption frei, woraufhin er seinen Namen in David Lace änderte, um zu seinen Adoptiveltern zu passen. Er passte jedoch nicht besser zu ihnen als zu seiner wirklichen Familie, und sein Verhalten driftete immer mehr in die Kriminalität ab. Seine erste Verurteilung erfolgte, als er gerade 15 Jahre alt war; im November 1977 raubte er ein Haus aus und wurde erwischt. Aufgrund seines Alters entging er dem Gefängnis, aber die Erfahrung hat ihn nichts Gutes gelehrt. Im August des folgenden Jahres raubte er einer Frau in Portsmouth die Handtasche und wurde erneut verhaftet. Diesmal wurde er angewiesen, in einem überwachten Wohnheim zu leben, bis er 18 Jahre alt war. Das Problem bei solchen Anordnungen ist, dass sie davon abhängen, dass der verurteilte Rechtsbrecher sie befolgt, und die Wahrscheinlichkeit, dass dies der Fall ist, lässt sich aus der Tatsache ableiten, dass er überhaupt gegen das Gesetz verstoßen hat. Am 4. Dezember 1979, drei Monate nach seinem 17. Geburtstag, durchwühlte David Lace die anderen Zimmer des Pflegeheims in Portsmouth und stahl einen Rucksack und alles Bargeld, das er finden konnte. Dann ging er zur Tür hinaus und machte sich auf den Weg nach Southampton. Er kam am späten Abend dort an - es ist ein langer Weg, fast 20 Meilen - und trieb sich in der Innenstadt herum. Wie er in seinem Geständnis von 1983 beschrieben hatte, war er hinter dem Tom Tackle gewesen, als Jenni Savage Teresa bei ihrem Auto absetzte. Der Rest hatte sich so abgespielt, wie er es beschrieben hatte, auch wenn er sich in vielen Details geirrt hatte.

Es ist nicht schwer zu verstehen, warum die Polizei das Geständnis ablehnte. Als Lace sein

Geständnis ablegte, war Hodgson bereits auf der Grundlage von scheinbar soliden Beweisen verurteilt worden. Lace war die siebte Person, die ein Geständnis ablegte, und seine Darstellung war bei weitem nicht die genaueste. Er machte nicht nur wichtige Angaben zu Teresas Auto und Kleidung falsch, sondern machte auch deutlich, dass er eingesperrt werden wollte.11 Es war bereits klar, dass Lace außerhalb einer Anstalt nicht sehr gut funktionierte, und dass er direkt sagte, er wolle wieder in eine Anstalt eingewiesen werden, trug nicht zu seiner Glaubwürdigkeit bei.

Im Zuge der polizeilichen Verfolgung des Geständnisses wurden routinemäßige Nachforschungen angestellt - das war notwendig, auch wenn sie es nicht ernst nahmen -, aber Lace war zu diesem Zeitpunkt nicht im Bilde. Es machte ohnehin keinen großen Unterschied -

wie Hodgson war er ein unverbesserlicher, aber nutzloser Krimineller, und die meiste Zeit verbrachte er im Gefängnis. Im Januar 1980 wurde er wegen der Diebstähle aus dem Wohnheim in Portsmouth verurteilt. Im September desselben Jahres kam er für neun Monate ins Gefängnis, nachdem er wegen einer Reihe von Einbrüchen in Portsmouth verurteilt worden war. Im Juni 1984 wurde er für schuldig befunden, eine Postfiliale mit einem Messer ausgeraubt zu haben; dieses Mal wurde er zu einer schwereren Strafe verurteilt, nämlich zu fünf Jahren Haft im HMP Dartmoor in Devon. Er verbüßte drei Jahre davon und wurde im Juni 1987 wieder entlassen. Zuvor war er immer in seine Heimat Hampshire zurückgekehrt, aber nicht dieses Mal. Vielleicht hoffte er, dass ein neuer Ort ihm helfen würde, sein Leben zu ändern, oder vielleicht gefiel ihm einfach die Gegend, in der er die letzten drei Jahre verbracht hatte. Das Gefängnis von Dartmoor ist ein düsteres und veraltetes Gebäude, das von hohen grauen Granitmauern umgeben ist und Anfang des 19. Jahrhunderts für französische und amerikanische Kriegsgefangene gebaut wurde. In den 1980er Jahren war es ein Gefängnis der Kategorie C, der niedrigsten Kategorie der "geschlossenen" Gefängnisse. Häftlingen der Kategorie C kann man in einem offenen Gefängnis nicht trauen, aber es gilt als unwahrscheinlich, dass sie ausbrechen. Wenn sie sich benehmen und sich dem Ende ihrer Strafe nähern, gibt es einige Möglichkeiten für Dartmoor-Häftlinge, das Gefängnis zu verlassen, um Arbeitserfahrung zu sammeln. Was auch immer der Grund für seine Entscheidung war, als er 1987 entlassen wurde, fand er ein Zimmer im nahe gelegenen Fischereihafen von Brixham und bekam bald einen Job auf einem Trawler.

Es scheint, dass Lace wirklich Reue für seine Taten empfand. Er lebte über ein Jahr lang in Brixham, ohne Kontakt zu seiner Familie aufzunehmen. Dann, im Herbst 1988, reiste er zu einem Besuch nach Portsmouth zurück. Dort erzählte er den Leuten, dass ihn Dinge quälten, die er getan hatte, einschließlich eines Todesfalls, den er in seiner Jugend verursacht hatte, nachdem die Dinge "außer Kontrolle geraten" waren. Familienmitglieder, die er besuchte, hatten den Eindruck, er wolle sich verabschieden.12 Das dachten auch seine Kollegen in Brixham, als Lace anfing, sein Hab und Gut zu verschenken und über die Reue zu sprechen, die er für seine früheren Taten empfand. Er kündigte seinen Job und zog sich, zunehmend deprimiert, in sich selbst zurück. Freunde sahen ihn zuletzt am 7. oder 8. Dezember 1988. Am 9. Dezember klopfte sein Vermieter an die Tür seines Zimmers. Er erhält keine Antwort. Als er die Tür aufbrach, fand er Lace leblos auf seinem Bett liegend. Er hatte oberflächliche Schnittwunden an den Armen, eine Plastiktüte über dem Kopf und eine Handvoll Schlaftabletten geschluckt. Der Tod wurde - zur Überraschung aller - als Selbstmord eingestuft, und Lace wurde in Portsmouth beigesetzt. Sein Grab war einfach und wurde von den Besuchern kaum beachtet.

Da die DNA-Beweise nun auf Lace als Teresas Mörder hindeuteten, wollte das Team der Operation Eisberg eine Bestätigung. Das bedeutete, eine Probe von Lace' eigener DNA zu erhalten, um zu bestätigen, was die Proben seiner Geschwister vermuten ließen. Normalerweise ist es im Vereinigten Königreich nicht schwierig, eine Exhumierung zu erwirken, wenn sie im Zusammenhang mit einer Morder-mittlung steht, und dieser Fall bildete keine Ausnahme. Am 12. August 2009 wurde das Grab von Lace geöffnet und seine Leiche in die Pathologie eines Krankenhauses in Portsmouth gebracht. Dort entnahmen Kriminaltechniker der Polizei mehrere Proben der Leiche und be-gannen mit der komplexen Kette von Verfah-ren, die erforderlich sind, um den DNA-Code zu vervielfältigen und ihn mit der Probe von 1979 zu vergleichen. Am 17. September gaben sie die Ergebnisse des Tests bekannt. Es war eine perfekte Übereinstimmung.

Der Leiter des Operation Iceberg-Teams, Detective Chief Inspector Phil McTavish, verkündete, dass die DNA-Übereinstimmung ein "überwältigender" Beweis für Lace' Be-teiligung an Teresas Tod sei, und erklärte, dass die Polizei nicht nach weiteren Personen in Verbindung mit dem Fall suche. Sowohl McTavish als auch die CPS betonten, dass ohne ein Gerichtsverfahren und eine Verurteilung niemand behaupten würde, Lace sei schuldig, aber ihre Bedeutung war klar - fast 30 Jahre nach Teresas Tod war ihr Mord aufgeklärt. Ihre Mutter und ihr Stiefvater bedankten sich öffentlich für das rasche Tempo der neuen Ermittlungen und die schnelle Identifizierung des Mörders, sprachen aber auch von ihrer Frustration darüber, dass sie nie erfahren würden, warum Lace den Mord begangen hatte.13

NACHWEHEN

Sean Hodgson wurde am 18. März 2009 aus dem Gefängnis entlassen. Im britischen Strafvollzug gibt es für Insassen, die nach Verbüßung ihrer Strafe entlassen werden, eine Wiedereingliederungshilfe, die darauf abzielt, sie wieder in die Gesellschaft einzugliedern und die Wahrscheinlichkeit einer erneuten Straftat zu verringern. Diese Unterstützung steht jedoch nicht für Personen zur Verfügung, die aus anderen Gründen entlassen werden, so dass Hodgson nicht dafür in Frage kam. Er erhielt eine einmalige Barzahlung von 46 Pfund (ca. 70 Dollar), und das war's, was das Gefängnissystem betraf.

Das war aber noch nicht alles, was er an Geld bekommen hatte. Da er wegen eines Verbrechens inhaftiert worden war, das er nicht begangen hatte - ganz abgesehen davon, dass niemand außer ihm selbst an seiner Inhaftierung schuld war -, hatte er nun Anspruch auf Entschädigung durch die britische Regierung. Aufgrund der Dauer seiner Inhaftierung könnte die Summe, die er erhalten könnte, mehr als 1 Million Pfund, also mehr als 1,5 Millionen Dollar betragen. Da die Möglichkeit bestand, dass er den Forensic Science Service verklagte, was eine weitere hohe Summe hätte einbringen können, war klar, dass es Jahre dauern konnte, bis über die endgültige Zahlung entschieden wurde. Zwei Abgeordnete setzten sich dafür ein, "die Bürokratie zu durchbrechen", um eine sofortige Zahlung zu ermöglichen, und es wurde ein Fonds mit einem Anfangswert von 250.000 £ (390.000 $) eingerichtet. Hodgson verwendete das Geld, um sich ein Haus in der Stadt Bishop Auckland in Nord-Yorkshire zu kaufen, in der Nähe des Ortes, in dem er als Kind aufgewachsen war. Er gab der Presse Interviews über sein neues Leben und darüber, wie er die Art und Weise, wie er sich behandelt fühlte, überwunden hat. Sein Anwalt Julian Young sagte der Lokalzeitung, dass es Hodgson "wirklich gut geht".14

Nicht alle waren damit einverstanden. Im August 2010 beschwerte sich eine 22-jährige Frau mit Lernschwierigkeiten, die in einem Pflegeheim in der Nähe von Hodgsons neuem Wohnsitz lebte, dass Hodgson sie vergewaltigt habe. Er wurde umgehend verhaftet und angeklagt. Er bestritt, sein Opfer vergewaltigt zu haben, räumte aber "sexuelle Berührungen" ein, wahrscheinlich auf Anraten von Julian Young. Aufgrund des psychischen Zustands des Opfers zog der Staatsanwalt die Anklage wegen Vergewaltigung zurück, drängte aber auf eine Verurteilung wegen sexueller Nötigung. Bei der Verhandlung im Mai 2011 versuchte Young, die Straftat auf die lange Haftstrafe seines Mandanten zu schieben, aber Richter Christopher Prince fiel nicht darauf herein. Er ließ keinen Zweifel daran, dass es ihm egal war, welche Beschwerden jemand gegen das Strafrechtssystem hatte; sein Hauptanliegen sei es, "die Öffentlichkeit so weit wie möglich vor künftigen Straftaten von Hodgson zu schützen."15

Hodgson entging einer weiteren Gefängnisstrafe im Zusammenhang mit der Anklage wegen sexueller Nötigung, wurde aber zu einer dreijährigen gemeinnützigen Maßnahme verurteilt.16 Eine Gemeinschaftsanordnung ist ein Straf- und Rehabilitationsprogramm, das eine Reihe von Elementen enthalten kann. Dazu gehören regelmäßige Treffen mit einem Bewährungshelfer, das Verbot, bestimmte Gebäude oder Bereiche zu betreten, das Verbot, Alkohol zu trinken oder unbezahlte Arbeit in der Gemeinde. Wer gegen die Auflagen verstößt, riskiert, den Rest der Strafe im Gefängnis abzusitzen. Hodgson wurde angewiesen, regelmäßig an Treffen mit einem Bewährungshelfer teilzunehmen und sich wegen seiner angeblichen psychischen Probleme behandeln zu lassen.

Im August 2011 wurde Hodgson erneut verhaftet, dieses Mal wegen Trunkenheit am Steuer, als er mit seinem Auto gegen einen Bus prallte. Er war nicht nur betrunken, sondern auch ohne Versicherung gefahren. Im November wurde er von der Polizei angehalten, einem Alkoholtest unterzogen und erneut wegen Trunkenheit am Steuer und Fahren ohne Versicherung verhaftet. Im selben Monat wurde er auch wegen Verstoßes gegen seine Gemeindeordnung angezeigt; eine weitere Anzeige folgte im Dezember, aber als man darauf reagierte, hatte Hodgson bereits eine zehnwöchige Haftstrafe wegen der Fahrverstöße verbüßt. Während seiner Haft machte er deutlich, dass er sich nach seiner Entlassung nicht an die Auflagen der Gemeindeordnung halten würde. Das war falsch, denn als die zehn Wochen um waren, kam niemand, um die Tür aufzusperren. Bei einer erneuten Gerichtsanhörung am 10. Februar 2012 gab Richter Prince bekannt, dass Hodgson sich weigerte, seine Auflagen zu erfüllen, seine Trink-

und Drogengewohnheiten zu ändern - er hatte sich Heroin injiziert17 - und eine Gefahr für die Öffentlichkeit darstellte. Der Richter ordnete ein neues psychiatrisches Gutachten an und teilte Young mit, dass Hodgson noch mindestens vier Wochen im Gefängnis bleiben würde.

Zu diesem Zeitpunkt befand sich Hodgson, der nun wild und ungepflegt aussah und eine struppige Mähne mit schmutzig-weißem Haar trug, in einer Abwärtsspirale der Krankheit. Sein selbstzerstörerischer Lebensstil seit seiner Entlassung aus dem Gefängnis hatte seinen ohnehin schon angeschlagenen Gesundheitszustand schwer belastet, und im Sommer 2012 wurde er aus medizinischen Gründen entlassen. Sein Zustand verschlechterte sich bis zum Herbst weiter. Am 28. Oktober 2012 starb er an einem Emphysem. Er war 61 Jahre alt; fast die Hälfte seines Lebens hatte er im

Gefängnis verbracht, meist für ein Verbrechen, das er nicht begangen hatte.

War Sean Hodgson ein Opfer von Ungerechtigkeit, wie er in den britischen Medien so oft beschrieben wurde? Das hängt von Ihrer Sichtweise ab. Er hat sicherlich 27 Jahre im Gefängnis verbracht für etwas, das er nicht getan hat. Er war jedoch kein unschuldiges Opfer, das in den Fängen eines korrupten oder inkompetenten Rechtssystems gefangen war. Weit gefehlt. Er gestand wiederholt den Mord an Teresa, und als die Polizei skeptisch wurde oder versuchte, seine Geständnisse zu widerlegen, gab er ihnen ausgeklügelte und überzeugende Antworten, die darauf abzielten, jeden Zweifel zu beseitigen. Es fällt schwer, viel Mitgefühl für ihn zu empfinden. Er war eindeutig psychisch krank, noch bevor er verurteilt und ins Gefängnis gesteckt wurde; sein

Verhalten macht das deutlich. Großbritannien hat allerdings einen Nationalen Gesundheitsdienst. Unabhängig von seinen Mängeln, und davon gibt es viele, bietet das System eine kostenlose Gesundheitsversorgung zum Zeitpunkt der Behandlung. Niemand wird jemals abgewiesen, weil er nicht zahlen kann, und wenn Hodgson eine Behandlung brauchte, musste er nur darum bitten. Der beste Weg, darum zu bitten, ist, zu einem Arzt zu gehen und zu sagen: "Ich bin psychisch krank und brauche Hilfe". Zur Polizei zu gehen und zu sagen: "Ich habe ein Mädchen ermordet", wird nicht funktionieren.

Krankheit hin oder her, Hodgson hat den Mord an Teresa gestanden, weil er im Mittelpunkt der Aufmerksamkeit stehen wollte. Seine Selbstdarstellung lenkte die Aufmerksamkeit von Ermittlungen ab, die zum wahren Mörder hätten führen können, vergeudete unzählige Stunden Polizeizeit und bescherte dem Steuerzahler eine hohe Rechnung für seine Inhaftierung. Er spielte mit den Gefühlen von Teresas Familie, die zunächst erleichtert war, dass der Mörder gefasst worden war, dann aber zusehen musste, wie Hodgson riesige Summen öffentlicher Gelder für Berufungen verschwendete und schließlich auf freien Fuß kam. Hätte er sich nicht in den Vordergrund gedrängt, wäre Lace' Geständnis von 1983 möglicherweise ernster genommen worden und seine Schuld hätte noch zu seinen Lebzeiten festgestellt werden können. Ein Prozess und eine Verurteilung hätten Mary und Michael Sedotti vielleicht die Antworten gegeben, nach denen sie verzweifelt suchten; stattdessen bekamen sie nur eine flüchtige Entschuldigung von Hodgson, als er aus dem Gefängnis kam.

Innerhalb weniger Tage kehrte er zu seinem asozialen Lebensstil mit Drogen, Alkohol und Kleinkriminalität zurück, für den er zuvor so viel Ärger bekommen hatte, diesmal auf Kosten der Steuerzahler - anscheinend nicht genug Steuergelder; er taumelte betrunken zwischen den teuren Bars im Zentrum Londons umher und jammerte, dass er sich das Essen nicht leisten könne.18

Jeder, der sich mit dem Fall befasst hat, wird den Verdacht nicht los, dass sein Wissen über den Fall auf mehr als nur einem schaurigen Interesse an Kriminalberichten und einigen glücklichen Vermutungen beruht. Die DNA-Beweise sprachen ihn vollständig von der Vergewaltigung Teresas frei, und Lace' Geständnis des tatsächlichen Mordes scheint die Angelegenheit abzuschließen. Aber woher wusste Hodgson so viel über den Zustand der

Leiche? Ist er über den Tatort gestolpert, als er auf der Suche nach einem Dieb durch die Straßen streifte? Stimmt seine Geschichte, dass er ihre Leiche mit einem Montiereisen geschändet hat? Hat er der toten Frau ihre Uhr und ihren Schmuck gestohlen? Die Antworten auf diese Fragen sind mit Sean Hodgson gestorben, aber es besteht kein Zweifel, dass er zu Diebstahl und sexuellen Übergriffen fähig war.

Ein Großteil der Presseberichterstattung hat Hodgson als Opfer dargestellt, aber wenn er wirklich ein Opfer von etwas war, dann war es seine eigene Dummheit. Das wahre Opfer war Teresa De Simone, und obwohl Hodgson sie nicht getötet hat, hat er mit seinen Taten den Mann geschützt, der es getan hat. David Lace hat ihr Leben beendet; Sean Hodgson hat sie zu Tode gequält. Das einzige glückliche Ende dieser tragischen Geschichte ist, dass die Welt nun von beiden befreit ist.

Bereit für mehr?

Wir hoffen, dass Ihnen die Lektüre dieser Reihe gefallen hat. Wenn Sie bereit sind, ähnliche Geschichten zu lesen, schauen Sie sich die anderen Bücher der *Murder and* Mayhem-Serie an:

Amerikas erste Serienmörder: Eine Biografie der Harpe-Brüder (von Wallace Edwards)
Sie haben gemordet. Sie stahlen. Und sie taten das alles bis zum Exzess. Im Gegensatz zu anderen Banditen des frühen Amerikas taten sie es nicht wegen des Geldes - sie taten es aus Freude am Nervenkitzel und aus Liebe zum Blut. Sie waren die Harpe-Brüder und wurden als Amerikas erste echte Serienmörder bezeichnet.

In dieser fesselnden Erzählung werden die Verbrechen und das Leben der berüchtigtsten

Geschwistermörder Amerikas wie ein fesselnder Roman dokumentiert.

Deadly Darlings: Die erschreckende Wahrheit über Kinder, die zu Mördern werden (von William Webb)
Wenn Sie jemals gedacht haben, dass Ihr Kind böse ist, dann haben Sie noch nichts gesehen! Auf den folgenden Seiten werden Sie einige der bösartigsten Kinder kennenlernen, die je gelebt haben.

Die Kinder in diesem Buch sind gerade einmal zehn Jahre alt und sie sind skrupellos. Die Netten töteten kaltblütig - aber viele dieser Kinder waren nicht nett... sie wollten, dass ihre Opfer leiden.

Einige wurden durch ihr brutales Umfeld zu Killern, andere waren einfach von Natur aus böse. Sie alle waren tödliche Lieblinge, denen man nicht auf der Straße begegnen wollte.

Der Teetassen-Vergifter: Eine Biographie des Serienmörders Graham Young (von Fergus Mason)
Graham Young hatte schon in jungen Jahren eine ungewöhnliche Obsession. Während sich

die meisten Jugendlichen für Musik und Sport interessieren, war Young von Giften fasziniert. Im Alter von 14 Jahren benutzte er seine Familie (die natürlich nichts davon wusste) als Experimentierfeld. Im Jahr 1962, er war noch ein Teenager, starb seine Stiefmutter an einem seiner Vergiftungsexperimente.

Young gestand schließlich den Mord an seiner Stiefmutter und den Mordversuch an mehreren anderen Familienmitgliedern; er wurde für neun Jahre in eine psychiatrische Klinik eingewiesen, aus der er schließlich völlig genesen entlassen wurde. Was die Anstalt jedoch nicht wusste, war, dass Young die Zeit in der Nervenheilanstalt nutzte, um medizinische Texte zu studieren und seine Fähigkeiten als Giftmörder zu verbessern. Seine wahre Arbeit als Giftmörder hatte gerade erst begonnen!

Diese fesselnde Erzählung gibt Ihnen einen spannenden Einblick in einen der berüchtigtsten Serienmörder Englands: Graham Young.

Der Schlachterbäcker: Die Suche nach dem alaskischen Serienmörder Robert Hansen (von Reagan Martin)

Das schöne Alaska - ein friedliches, natürliches Land, in dem man seine Nachbarn kennt und seine Türen nicht abschließen muss. Für die meisten Menschen ist es der perfekte Ort, um die Natur zu erleben; für Robert Hansen war es der perfekte Ort für einen Mord.

Zwischen 1980 und 1983 begab sich Hansen auf einen mörderischen Amoklauf und tötete zwischen 17 und 37 Frauen in der Gegend von Anchorage, Alaska. Hansen, ein Kleinunternehmer und eine Stütze der Gemeinde, war auch ein leidenschaftlicher Jäger und benutzte junge Mädchen als Beute, wenn er beschloss, dass er eine anspruchsvollere Jagd brauchte.

Dieses Buch ist der fesselnde Bericht über die Jagd und die letztendliche Ergreifung eines ungewöhnlichen Mörders, der beinahe mit dem Leben davongekommen wäre.

Mary Cecilia Rogers und die reale Inspiration von Edgar Allan Poes Marie Roget (von Wallace Edwards)

Der Mord an Mary Rogers mag heute kaum noch bekannt sein, aber im 19. Jahrhundert war er einer der aufsehenerregendsten Morde des Jahrhunderts. Er wurde zu einer nationalen

Sensation - so sehr, dass Edgar Allan Poe ihn als Inspiration für seine Geschichte "Das Geheimnis der Marie Roget" nutzte.

Diese erschütternde Erzählung führt Sie zurück in das Jahr 1838, wo Sie die Einzelheiten des Falles erfahren und wie er zu einem nationalen Phänomen wurde.

No Guns Allowed On Casual Friday: 15 der furchterregendsten Kollegen, mit denen Sie niemals arbeiten wollen (von William Webb)
Fast jeder denkt das: "Eines Tages werde ich meinem Chef geben, was er verdient hat." Die fünfzehn Personen in diesem Buch haben diesen Gedanken auf die Spitze getrieben.

Welche Art von Arbeitsplatz treibt einen Menschen dazu, solch abscheuliche Taten zu begehen? Treibt ein Arbeitsplatz einen Menschen zum Töten an, oder ist der Mörder bereits in ihm und wartet auf einen Grund, um zuzuschlagen? Finden Sie es in dieser faszinierenden Kurzlektüre heraus.

Wenn Sie bei der Arbeit gestresst sind, dann wird Ihnen dieses Buch vielleicht zeigen, dass Sie es gar nicht so schlecht haben; oder vielleicht wird es Ihnen zeigen, dass die Person in der Kabine neben Ihnen vielleicht ein wenig... feinfühliger behandelt werden muss.

NEWSLETTER ANGEBOT

Vergessen Sie nicht, sich für Ihren Newsletter anzumelden, um Ihr kostenloses Buch zu erhalten:

http://www.absolutecrime.com/newsletter

ANMERKUNGEN

[1] The Daily Mail, 21. März 2009, *Ich habe sie nicht umgebracht! 30 Jahre später beteuert ein ehemaliger Kneipenwirt, der in einem Mordfall an einer Bardame genannt wurde, seine Unschuld*

[2] Berufungsgericht für England und Wales, *Regina gegen Robert Graham Hodgson*, Abs. 9

http://www.bailii.org/ew/cases/EWCA/Crim/2009/490.html

[3] The Daily Telegraph, 17. März 2009, *Opfer von Großbritanniens "längstem Justizirrtum" entschuldigt sich für falsches Geständnis*

http://www.telegraph.co.uk/news/uknews/law-and-order/5005718/Victim-of-Britains-longest-miscarriage-of-justice-apologises-for-false-confession.html

[4] Berufungsgericht für England und Wales, *Regina gegen Robert Graham Hodgson*, Randnr. 28

http://www.bailii.org/ew/cases/EWCA/Crim/2009/490.html

[5] Berufungsgericht für England und Wales, *Regina gegen Robert Graham Hodgson*, Absatz. 40

http://www.bailii.org/ew/cases/EWCA/Crim/2009/490.html

[6] The Guardian, April 28, 2009, *Freiheit? Sie ist einsam* http://www.theguardian.com/society/2009/apr/29/sean-hodgson-release-prison

[7] The Guardian, April 28, 2009, *Freiheit? Sie ist einsam* http://www.theguardian.com/society/2009/apr/29/sean-hodgson-release-prison

[8] Berufungsgericht für England und Wales, *Regina gegen Robert Graham Hodgson*, Absatz. 41

http://www.bailii.org/ew/cases/EWCA/Crim/2009/490.html

[9] Inside Time, Sep 2013, *Ein Wort von der anderen Seite*

http://www.insidetime.org/articleview.asp?a=1560&c=a_word_from_the_other_side

[10] The Guardian, Mar 18, 2009, *Opfer eines Justizirrtums verbüßt zusätzliche 11 Jahre wegen "verlorener" Beweise*

http://www.theguardian.com/uk/2009/mar/19/miscarriage-justice-hodgson

[11] Southern Daily Echo, 17. September 2009, *David Lace's Geständnis*

http://www.dailyecho.co.uk/video/video/90086/

[12] Southern Daily Echo, Sep 17, 2009, *David Lace's life was a turbulent one, say police* http://www.dailyecho.co.uk/news/briefing/teresa_de_simone/4634621.Background_to_the_life_of_Teresa_s_killer/

[13] Southern Daily Echo, Aug 12, 2009, *Die Eltern von Teresa De Simone werden nie erfahren, warum sie ermordet wurde* http://www.dailyecho.co.uk/news/4542055.Teresa_De_Simone_s_parents_will_never_know_why_she_was_murdered/?ref=rl

[14] The Northern Echo, 10. Dezember 2009, *Sean baut ein neues Leben auf*

http://www.thenorthernecho.co.uk/archive/2009/12/10/4787710.Sean_building_a_new_life/

[15] BBC News, 13. Mai 2011, *Opfer eines Justizirrtums wegen sexueller Nötigung verurteilt*

http://www.bbc.co.uk/news/uk-england-13391943

[16] The Northern Echo, 11. Februar 2012, *Ungerechtigkeitsopfer Sean Hodgson ist immer noch im Gefängnis*

http://www.thenorthernecho.co.uk/news/9525885.Injustice_victim_Sean_Hodgson_is_still_in_jail/

[17] The Guardian, Sep 18, 2009, *Sean Hodgsons Kampf für Gerechtigkeit geht weiter*

http://www.theguardian.com/theguardian/2009/sep/19/sean-hodgson-miscarriage-justice

[18] The Guardian, April 28, 2009, *Freiheit? Sie ist einsam* http://www.theguardian.com/society/2009/apr/29/sean-hodgson-release-prison

www.ingramcontent.com/pod-product-compliance
Lightning Source LLC
Chambersburg PA
CBHW031241050326
40690CB00007B/904
* 9 7 8 1 6 2 9 1 7 4 6 9 3 *